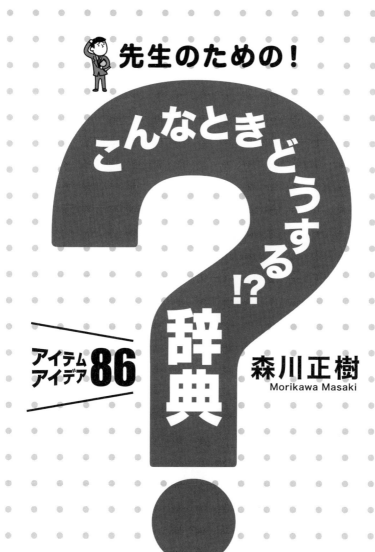

まえがき

　教師という仕事は一見子どもたちに囲まれて華やかに見えます。しかし、教師という仕事は時として孤独です。
　一歩教室に入ってしまえば、そこは１人で奔走しなければならない場所。
　１つ歯車が狂えば"怖い場所"にもなりかねません。

　こんなとき何を使えばいいのだろう。
　どう指導すればいいのだろう。
　どう話せばいいのだろう。

　「どうすれば……。」

　新任教師として突然教壇に立つことになる私たちの周りにはこの言葉がまとわりついています。

　ここは「先生の〈質問〉雑貨店」。

　「こんなときどうする？」という全国の先生方からの様々な「質問」や「悩み」など、あらゆる項目、千差万別取りそろえております。それぞれに私なりの回答をつけておきました。

まずは教師のかたわらに置いておきたい「アイテム」に関して。

実際に使ってみて"これは！"という物ばかりです。可能な限り商品名、メーカー名も入れました。

教師は学校で様々なアイテムを使います。

教師生活が楽しめて、子どもたちにとって役に立つ…。そんな"美味しい"アイテムばかりです。

次に「アイデア」です。

様々な「悩み」に対する「アイデア」を盛り込みました。いずれも私自身がつまずいてきたものばかりです。

いろいろと試しつつ、自分なりのアイデアを生み出していくきっかけになればと思います。

教師人生に"遠回り"は必要かもしれませんが、**"しなくてもよい遠回り"をわざわざする必要はありません。**

本書を活用して回避してください。

さて…。

切実な悩み、

貪欲な悩み、

意欲あふれる悩み…。

教師という仕事に正面から取り組み出すと、「悩み」は途端に「具体的」になります。

言い換えれば、「**具体的に悩み出したらオメデトウ！**」なのです。

本書を読んで悩みを吹き飛ばして、明るい気持ちになってください。
　そしてまた明日から、いや今日から子どもたちの前に満面の笑顔で、颯爽と登場しようではありませんか。

　さあ、「？」を「！」に変える時間が始まります。

森川正樹

まえがき　3

アイテム編

- 01 Q 　**教師のポケット**にはなにを入れておきますか？　12
- 02 Q 　授業前の**習慣にしたい事**はなんですか？　13
- 03 Q 　自分の**授業をレベルアップ**させてくれるアイテムはなんですか？　14
- 04 Q 　"**ノーリスク・ハイリターン**"な教師修行はなんですか？　16
- 05 Q 　**準備のいらない**"教室にあると便利"なモノを教えてください。　18
- 06 Q 　一瞬で**子どもを集中させる**アイテムを教えてください！　20
- 07 Q 　「言葉」の**感性を高める**にはどうしたらいいですか？　22
- 08 Q 　教室で**手軽に知的に遊べる**アイテムはなんですか？　24
- 09 Q 　**見せるだけで**、子どもが自然と話し出すアイテムはありますか？　26
- 10 Q 　**さわるだけで**、子どもが自然と活動するアイテムはありますか？　27
- 11 Q 　**教材化できる**身近なアイテムはなんですか？　28
- 12 Q 　**教卓の右すみ**には何を置きますか？　30
- 13 Q 　**教卓の左すみ**には何を置きますか？　32
- 14 Q 　**「ピー」以外の笛**を教えてください！　33
- 15 Q 　**教室の棚**にあると便利な"アレ"ってなんですか？　34
- 16 Q 　全員の子の**視線を集める**学習クイズを教えてください。　36
- 17 Q 　高学年の**教室設計に役立つ**アイテムはありますか？　38
- 18 Q 　教室に"**癒し**"を取り入れたいのですが、何かよいアイテムはありますか？　39
- 19 Q 　子どもを"もっと"**理科好き**にするには、どうしたらいいですか？　40
- 20 Q 　"**非日常**"を手軽に演出できるアイテムを教えてください。　42
- 21 Q 　**書画カメラ**（実物投影機）の効果が上がる使い方を教えてください。　44

ITEM & IDEA

㉒ 楽しい **"字形指導"** ってありますか？ 45
㉓ **教室の空気を変え、学習にも役立つ**アイテムはなんですか？ 46
㉔ 仕事を**効率よく楽しく**するとっておきのアイテムはなんですか？ 50
㉕ **オススメの「ノート」**はありますか？ 52
㉖ **オススメの「文房具」**はありますか？ 55
㉗ インパクトのある**「実物教材」**を手に入れたいのですが。 58

アイデア 編

㉘ クラスの **"ムード"** を上げる方法を教えてください。 62
㉙ クラスの子の**良さをたくさん発見できる**アイデアを教えてください。 63
㉚ 子どもの **"やる気"** に火をつける仕掛けはありますか？ 64
㉛ **子どもをやる気に**させるにはどうすればいいですか？ 65
㉜ **子どもを笑わせたい**のですが。 66
㉝ **"特別な一日"** を演出するアイデアを教えてください。 68
㉞ 教室で問題があったときの**前向きな解決方法**を教えてください。 70
㉟ **子どもへの言葉がけ**で工夫できることはありますか？ 72
㊱ 子どもたちがなかなか**指示したとおりに動けません。** 73
㊲ 学年全体に**落ち着きがありません**…。 74
㊳ 給食当番が**なかなか集合しません。**どうしたらいいですか？ 75
㊴ **給食指導**で大切なことは？ 76
㊵ **掃除指導**に困っています。 78
㊶ **帰りの会**の時間帯がいつもダラダラとしてしまいます。どうしたらいいでしょうか？ 80
㊷ **クラス内の「自治」**をどのように育んでいけばよいでしょうか？ 81

43	Q スキマ時間に使える**"必笑ネタ"**を教えてください！	84
44	Q オススメの**運動場遊び**はなんですか？	85
45	Q 楽しい**放課後遊び**を教えてください。	86
46	Q 子どもたちが**手を挙げる**ようになるコツはなんですか？	88
47	Q **"微妙な5分"**をどう使えばよいでしょうか？	90
48	Q 子どもを**学びの当事者**にさせる手立てを教えてください。	92
49	Q **言葉の力をつける**ための秘訣はありますか？	93
50	Q **「読み聞かせ」**のよい方法を教えてください。	96
51	Q **プール指導**のポイントを教えてください。	98
52	Q **図工科のミニネタ**はありますか？	100
53	Q **自習させる時**の"ちょっとしたアイデア"ありますか？	102
54	Q 国語の物語の**教材研究**で最初にすることはなんですか？	103
55	Q **良い発問を作るため**にすることはなんですか？	104
56	Q **学びが深まる**"ひと工夫"を教えてください。	106
57	Q **板書上達法**を教えてください。	108
58	Q **"アイデア"の取り扱い方**を教えてください。	110
59	Q ノート指導や日記指導が**続きません。**	112
60	Q 学級通信が**長続きする**秘訣はありますか？	113
61	Q **"爆笑"**な教室掲示を教えてください。	114
62	Q **懇談会が始まる前**の良い"仕込み"を教えてください。	116
63	Q **懇談会を笑顔で始める**には、どうしたらいいですか？	118
64	Q **懇談会が盛り上がる**アイデアを教えてください。	120

ITEM & IDEA

- ⑥⑤ Q 授業ネタ、たくさん集めるにはどうしたらいいでしょうか？ 122
- ⑥⑥ Q 教師の忘れ物対策はありますか？ 124
- ⑥⑦ Q 仕事の効率が上がる方法を教えてください。 126
- ⑥⑧ Q 授業記録や、宿題の丸つけの時間で困っています。 128
- ⑥⑨ Q 通勤時間の有効な使い方を教えてください。 129
- ⑦⓪ Q 出張が多くて困っています。 130
- ⑦① Q 年上の先生との付き合い方を教えてください。 132
- ⑦② Q 年下の先生に上手にアドバイスする方法を教えてください。 134
- ⑦③ Q 職場の人間関係がしんどくて…。 136
- ⑦④ Q 足を引っ張られます。 138
- ⑦⑤ Q 大勢の前で話す時のコツを教えてください。 140
- ⑦⑥ Q どうしたら話がうまくなりますか？ 142
- ⑦⑦ Q 「話せる教師」になる秘訣はなんですか？ 144
- ⑦⑧ Q 自分自身の「書く力」を上げたいのですが。 146
- ⑦⑨ Q 私には子どもをひきつける"特技"がありません。 147
- ⑧⓪ Q 研究授業に取り組む姿勢を教えてください。 150
- ⑧① Q いつも眉間にしわがよってしまう自分をなおしたいのですが。 152
- ⑧② Q どうしたらメンタルが強くなりますか？ 154
- ⑧③ Q 教育書何から読んだらいいでしょうか？ 157
- ⑧④ Q 教師の服装で気をつけることを教えてください。 158
- ⑧⑤ Q 困り感がありません。 160
- ⑧⑥ Q 充実した"教師ライフ"を送りたいです。 162

あとがき 164

Q 教師のポケットにはなにを入れておきますか？

デジカメです

　デジカメは、教師の必須アイテムの１つです。
　子どもの記録のため、教師の実践記録のため、そして子どもの自尊心を高めてくれるアイテムです。

▷ デジカメでできること

- 毎時間の板書を撮って記録に残す。板書は単元別にフォルダを作って残していく。
- 体育の跳び箱などで短めの動画を撮る。
- 放課後の子どもの様子を撮る。
- 子どもの活動の様々な様子を撮る。子どもの笑顔を撮る。
- 子どものノートを記録用に撮る。
- 授業中に子どもの書いているノートを撮る（子どもやる気UP！）
- 教室掲示を季節・イベントごとに撮る。
- デジカメを子どもに撮らせる。（カメラ係など）

　デジカメは教師のポケットに常に忍ばせておく、魔法のアイテムなのです。

Q 授業前の習慣にしたい事はなんですか？

ICレコーダーのスイッチを押す

　デジカメと共にICレコーダーも、教師の必須アイテムです。

　授業記録をいつでもボタン1つで残すことができます。

　授業を映像として残せなくても、ICレコーダーで音声として残しておけば授業記録をテープ起こしすることができます。

　最近はICレコーダーも手頃な値段で購入できるので、教師として必ず持っておきたいアイテムの1つです。

▷演出にも使える

　教室でICレコーダーのスイッチを押して子どもに向けるだけで、インタビューの形をとりながら子どもの発言を残すこともできます。ICレコーダーを向けられた子どもはインタビューをされているような気持ちになるので、ちょっとした演出効果もあります。

▷アイデアを残す

　また、レコーダーは授業記録を残すためだけでなく、車を運転しているときに思いついたアイデアを吹き込んでおくなど、ふとした瞬間にアイデアを音声として残すことができるので非常に重宝します。

ITEM & IDEA 03

Q 自分の授業をレベルアップさせてくれるアイテムはなんですか？

ビデオカメラで授業を撮る

　自分の授業をいつでも撮れるということは、教師修行の大きなアドバンテージとなります。教室の後ろに電源を入れた状態でビデオカメラをセットしておき、いつでも授業を撮れるようにしておきます。授業を撮っているとなると、自分の言葉を意識するので、言葉を削ったり、無駄なことを言わないようにしたり、自分の動きを意識したりするようになります。撮るという行為自体が教師のとてもよい修行となるのです。

　撮った授業はテープ起こししてみることをおすすめします。自分の授業を再生しながら、子どもの発言、教師の発言を逐一文字に起こしていくのです。その際は、教師の発言を太ゴシックにしながら起こしていくと、最初の頃は太ゴシックの教師の文字でびっしりな授業記録となります。次第に、自分のしゃべり過ぎを意識して、言葉を減らし、子どもの言葉をつなげようとする努力をするため、子どもの発言が増えていき、太ゴシックが主流で黒々としていた授業記録が、次第に色が薄くなり、教師の発言量が減っていくことが目に見えてわかるようになります。

　また、授業のテープ起こしをすることで、実際の授業の際にも子どもの発言に注意して聞くようになるので、ビデオを撮ることで逆にビデオを撮っていない日々の授業にもよい効果となって表れます。

　さらに、撮った授業を仲間の先生と見る時間をとるようにします。仲間の先生と授業ビデオ検討会を開くわけです。授業ビデオを再生

し、要所で映像を止めながら、「ここは声が聞きとりにくい。」とか、「ここで、子どもが発言しようとしているのに気づいていない。」などとアレコレ仲間と一緒に授業をふり返るのは、とても有意義な教師修行となります。

　私も実際に新任の先生と授業ビデオの検討会を続けていたことがあるのですが、自分にとっても大きな学びとなりました。

　最初の頃は、とりあえず撮ると意識する。"ビデオカメラのスイッチを押す習慣"をつける勢いで、どんどん自分の授業を撮ってみましょう。四の五の言わずにスイッチ ON なのです！

ITEM & IDEA 04

Q "ノーリスク・ハイリターン"な教師修行はなんですか？

「○○メモ」を持ち、書き続ける

　○○には、あなたの名前が入ります。

　教師にとってメモは必須アイテムです。

　私が使用しているメモ帳は「無印良品」の『再生紙文庫本ノート・薄型』です。無地であるため、自由に書きなぐることができますし、スタンプを押したり、イラストを描いたり、罫線が写らないので、さまざまな利点があります。紙質も柔らかいのでギュッと２つに折ってポケットに入れたり、鞄のスキマに滑り込ますこともできます。表紙も無地なため自分でイラストを描いたり、ナンバリングして自分だけのメモ帳にするにもうってつけのデザインです。さらに、しおりも付いているという優れものです。

　メモ帳を常に携帯し、アイデアを風化させないように**全て１冊に時系列で書き込んでいきましょう**。

　メモ帳の表紙にナンバリングして日付を書いて保存しておくと、いつ頃のメモなのか、ひと目でわかります。

　よいアイデアも、考えるなり忘れていくものです。私はアイデアが思いついたら、メモに書くという行為とセットにしています。

　「思いついたら、メモに書く」という流れで自分の身体の中に落とし込んでいくのです。

　教師としてメモをすることの最大の効果、それは**「子どものつぶやきが聞こえるようになる」**ということです。子どものおもしろい発言や素敵な行為を毎日メモします。そうすると子どもに対するアンテナ

が自然と立つようになり、子どものつぶやきが自分に"入ってくる"ようになるのです。

　また、メモに書くという習慣がつけば、電車を待つ時間やラーメン屋の店先で待つ時間といった"空虚な時間"というものがなくなるというよさもあります。アイデアをメモしたり、旅行記を書いている間に、並んでいたお店で自分の番が回ってきているのです。これもメモを書くということの一つの利点ですね（笑）。

　メモをとるという行為はノーリスク・ハイリターンな自己投資なのです。

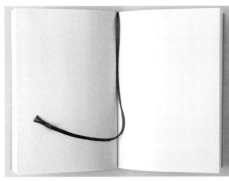

商品名：『再生紙文庫本ノート・薄型50枚』
販売元：株式会社　良品計画
問い合わせ先：0120-14-6404

森川メモの一部

Q 準備のいらない"教室にあると便利"なモノを教えてください。

短　冊

　コピー用紙を等分しただけで用意できる短冊は、何かと有効利用できます。
　・Ｂ５の用紙を４等分した短冊
　・Ａ４の用紙を４等分した短冊
　・Ｂ４の用紙を４等分した短冊
など、子どもたちの人数の３倍ほどの枚数を教室に常備しておきます。

　短冊は、「１学期の目標」など様々な目標を書かせたり、夏休みの思い出を一言キーワードで書かせてスピーチに使ったり、一言感想を書いたり…と多種多様に利用できます。

　スピーチの場合、テーマを提示し、そのテーマに沿ったキーワードを短冊に書かせた後、おみくじのように折らせます。教師が全員分を回収し、おみくじを引く感覚で次にだれがスピーチするかという進行ができるのです。例えば、

　「あなたの夏休みを一言で言うとなんですか？短冊に書きなさい。」
と言って書かせる。「キャンプ」「昆虫採取」「海」「田舎」などが出ます。折らせて、教師が回収した後、「さあ、次の人だれでしょうか。」とおみくじのように引く。引いた短冊に「キャンプ」と出たら
Ｔ「キャンプ！」
Ｃ「はい！」
Ｔ「では、○○くん」
と子どもに発表させます。

おみくじを引き、言葉を紹介して「だれでしょう」と投げかけても盛り上がります。
　また、授業の進行にもおおいに役立ちます。授業中、短冊に自分の考えを大きめの字で書かせます。その短冊を、黒板に貼って提示します。
　貼られた短冊を上下に動かすことによって、意見を観点分けしたり、意見分布をひと目で見たりできます。
　短冊は、「書いて」→「貼って提示」→「動かす」といったことが手軽にできるのです。かなり利用価値の高いアイテムです。

〈ポイント！〉
文字は「牛乳キャップより大きく書きなさい。」などの、具体的な声かけをしましょう。また、マジックなどの太いペンで書かせると教室の後ろからでも読むことができます。

Q 一瞬で子どもを集中させるアイテムを教えてください！

様々なフラッシュカード

文字やイラストが描いてある「フラッシュカード」。

定番の教室アイテムです。

自作・既製品のフラッシュカードをたくさん持っておけば、授業だけでなくスキマ時間にも役に立ちます。

▷ **国語科フラッシュカード**

漢字カード

　・漢字の読みや熟語を提示して読ませる。

　・部首などが書かれたカードを提示して漢字を探させる。

　・提示された漢字を見て文章を作らせる。

など、様々な活動につなげることができます。

　ほかにも、「ことわざ」「四字熟語」「故事成語」のフラッシュカードを作成し持っていると便利です。

▷ **社会科フラッシュカード**

　「地図記号カード」「都道府県名当てシルエットカード」「人物カード」「年代カード（裏に歴史の出来事）」

▷ **理科フラッシュカード**

　「実験道具カード」「動物カード」「昆虫カード」「植物カード」

▷ **芸術フラッシュカード**

「絵画（画家）カード」（（例）ゴッホのひまわり）「作品カード」「色カード」（提示し、その色の物を挙げさせる）「音カード」（オノマトペが書かれており、その音に合う現象を言わせる）

▷ **ユーモアを入れて**

遊び心も入れたものや、ゲーム性があるものなど、ちょっとしたユーモア（遊び心）を入れて作れば、子どもたちの集中力を高めることができます。

例えば、社会科の「都道府県名当てシルエットカード」の中に1枚「日本地図」を描いたカードを用意します。教師が、シルエットカードを1枚ずつめくり、子どもたちが「兵庫県」「岩手県」と答えていると、突然「日本」などの国のカードや、全然関係のない野菜のシルエットカードなどが出てくる…。異質なものを混ぜてみるのです。

国語の「漢字カード」なら、読み方の面白いカードを入れておきます。「海馬（とど）」など、変わった読み方のカードを入れておくときっと盛り上がります。

色がついたカードを見せて、教師が「お題」を出し、子どもが答えるというのも盛り上がります。

子どもたちは「あれ？」となって、神経が研ぎ澄まされ、アンテナがピンと立つことでしょう。毎回行うのではなく、ときどき試すと効果的です。思考をチェンジするときにも有効です。

インターネットなどの情報収集が簡単になった現代において、フラッシュカードは無限に作り出すことができます。

あなた自身のオリジナルカードを作って、教室で試してみては？

Q 「言葉」の感性を高めるにはどうしたらいいですか？

辞書にまつわる活動に取り組む

▷ **辞書を置く場所**

辞書は１人１つ持っていることが理想です。

辞書を置く場所は、使う時に３秒以内に手が届く場所です。辞書を使うときになって、教室の後ろのロッカーに取りに行っていると授業のリズムが崩れます。子どもが調べたいその瞬間に手の届くところに辞書があることが大切なのです。実際、このことは子どもたちに直接話をします。

「辞書を取りに行っているようでは、学びの反射力は身につかない。勉強はすぐに反射できることが大切だ。辞書はすぐ手の届くところに置いておきなさい。」

ということを、学年に応じた言葉で日頃から語っていきます。

▷ **辞書を引く習慣を身につけさせる**

辞書を自然と引く習慣を身につけさせるには、まずは教師が辞書を引く場面を毎日のように設定していくことが大切になります。

聞き覚えのない言葉が出てきたら、そこで辞書を引かせる。そうすると、次第に新しい言葉が出てくれば、「ここでは辞書を引くだろうな」と、子どもたちが勝手に判断し辞書に手が伸びている状態になります。そうなったらしめたものです。その姿を見て取ってやり、

「今、○○さんは、新しい言葉に出会ったから辞書に手を伸ばそうと

したでしょ？それが大事なのです。」と声をかけます。

　そのような指導をくり返し、**新しい言葉、不明確な言葉に出会ったときは辞書を引くという「習慣」を教室の中に誕生させる**のです。

　さらに辞書活動では、辞書を引いた子を起立させ、調べた言葉の内容を音読させます。起立した順に、「１位、２位、３位」と、10位まで言ってやるのもやる気を促す手段です。音読が終了すると、まだ引けていない子に調べ方を教えに行かせます。

　ほぼ全員が調べ終わったところで教師が「読みたい人。」と投げかけ、指名された子が辞書を代表で音読します。子どもたちは辞書を音読することが大好きです。さらに調べた言葉の部分に付箋を貼る、赤で丸をするなど、子どもたちのやる気を喚起する仕掛けがあってもいいかもしれません。このようなシステムを用いて、毎日のように辞書引きをさせます。

　辞書引き活動が進めば、教師は**"子どもたちが自ら辞書を引く場面"を今か今かと待っていなければなりません**。そして、その場面を見つけるや否や、みんなの前でおおいに褒めてやる。自分で辞書を引いて調べる尊さを紹介してやるのです。作文を書くシーンにおいても、わからない漢字があれば、自分で辞書を引いて調べさせます。そのような姿があれば、「自分で辞書を引きながら書く。理想の姿です。」と声をかけます。

▷ **引く前に予想させる**

　辞書を引く習慣が身についてきたら、次に意識させたいのは「言葉を予想しながら引く」という態度です。

　「わからない言葉」に出会ったらまず、自分でちょっと予想してみてから、引くということです。

Q 教室で手軽に知的に遊べるアイテムはなんですか？

「かるた」「百人一首」

　かるたや百人一首は、遊び感覚で手軽に取り組める活動です。そして、教室を知的な空間にしてくれるアイテムでもあります。ちょっと時間が空いたときなどにかるたをする。「昆虫かるた」「ことわざかるた」など市販されているかるたを教室に常備しておきます。そこに、かるたを自作する活動を加えると知識や興味がさらに深まります。

▷ **かるた作り**

・「都道府県かるた」作り

　取り札に「都道府県名」を書きます。
　読み札に「観光名所」「名産品」「特徴」などを書きます。読み札の文言を、「5・7・5」にすると読みやすくなります。
　自主勉強として家庭で取り組んでも楽しくなります。
　　例）「温泉に　美味しいお肉　海と山」　　　　　答え（兵庫県）

・「歴史人物・事件かるた」作り

　6年生の歴史の学習では、新聞を作ったりノートをまとめたりします。ここでかるた作りを加えます。これまで学習したことをふり返るとともに、簡潔にまとめることができます。
　　例）「種子島　本能寺の変　だれでしょう」　　答え（織田信長）
　　　　「信長さん　今川焼きを　食べつくす」
　　　　　　　　　　　　　　　　　　　　　　　答え（桶狭間の戦い）

・「クラスのかるた」作り

　クラスの子ども一人ひとりのかるた。子どものよい所おもしろい所をかるたにしましょう。クラスづくりになります。

　例）気がつくと　いなくなってる　男の子　（田中くん）
　　　給食を　大食い早食い　任せとけ　　（路川くん）

　かるたゲームをしているときの子どもたちは笑顔で、教室は笑顔にあふれます。

▷ **百人一首**

　『五色百人一首』（東京教育技術研究所）というものが発売されています。

　これを教室に常備しておくととても使いやすく、重宝します。

　五色百人一首を、授業のスキマ時間や、国語や社会の授業の一環として行います。

　ペアで行い、1試合が20枚で構成されるため時間も短くて済みます。

　百人一首を覚えるだけでなく、子どもどうしで活動できるため学級づくりとしても役立つとても便利なアイテムです。

商品名：『五色百人一首』
販売元：東京教育技術研究所
問い合わせ先：0120-006-564

ITEM&IDEA 09

Q 見せるだけで、子どもが自然と話し出すアイテムはありますか？

様々な地図

　校区地図、都道府県地図、日本地図、世界地図、古い日本の地図、衛星から見た夜の日本地図など、様々な地図を教室に持ち込みましょう。

　世界地図を見て「こんな国に行ってみたい！」だったり、衛星から撮った夜の地球の地図を見て、「夜はこんなところが明るいのか、これはどこかな？あっ都会の部分だ。たくさん電気が使われているな。」と、地図は知的好奇心を刺激し、思考のベクトルをあらゆる方向に広げてくれるツールです。

　一見学習に関係ないと思えるような地図でも、子どもたちの好奇心をおおいに刺激するかもしれません。教師が見つけてきた、面白い地図など様々な地図を教室に持ち込みましょう。

ITEM & IDEA 10

Q さわるだけで、子どもが自然と活動するアイテムはありますか？

"さわって"旅する地球儀

　各班に1つずつあるのが理想です。

　地図を立体的に見ることができる地球儀は、国どうしの位置関係の把握が楽です。

　地球儀を使った班でのミニ体験学習ができます。教師が、

「日本の裏側は？」

「赤道直下の国は？」

と問いかけてあげると、子どもたちはクイズ感覚で活動するでしょう。

　社会の学習で「○○という国と貿易を行っている」などと、国の名前が出てきたときに地球儀で見ることができると、よりリアルな知識になります。

　他の学習で国名が出てきたときも、普段なら「ふ〜ん」となるだけですが、隣に地球儀があれば、

「日本がここで、○○はどこ？指してみよう。」

「日本からこんなに離れているのか。」

と、その国のことがなんとなくわかります。

　思考が立体化されるツールとして地球儀を使うのです。地球儀が子どもの側で、学習を補助する役目をしてくれるのです。授業中だけでなく、スキマ時間にも遊べるアイテムです。

Q 教材化できる身近なアイテムはなんですか？

街中で見かける**ポスター**、パンフレット、チラシ

▷ **重宝するポスター**

　駅や街中に貼られているポスターには、そのまま教室に持ち込めば学習補助教材として活躍してくれるものがたくさんあります。

　駅に貼られている「観光ポスター」には、その都道府県の特徴がキャッチコピーとして書かれていることが多いです。そのキャッチコピーから、その県の特色に迫っていくなどの学習展開が考えられます。ポスターに載っているキャッチコピーは、考えに考えられ、無駄なものを全て削ぎ落とした珠玉の一語、珠玉の一文、珠玉のセンテンスになっているものです。よって、十分に学習教材として成り立つと考えています。

　例えば、私の住んでいる兵庫県の観光ポスターには、港町神戸の「波止場」を扱ったキャッチコピーが載っています。別のポスターには山間部の「温泉」を扱ったコピーが載っています。これらを比べると、神戸というのは海と山に挟まれた地域であるという、ポスターから広がる様々な学習が予想されます。

　また、「○○県のポスターにはどんなことが載っているでしょう？」と聞くだけで、子どもたちはその県の特色を調べたり、発表したりしますし、実際に本物があれば、「実はこんなポスターなんです。」と提示でき、子どもたちは歓声とともにそのポスターを見つめることでしょう。社会での特色ある地域、地方の学習にもおおいに役立ちます。

　こういった観光ポスターは、なかなか手に入れるのは難しいとは思

うのですが、『教師の伝家の宝刀』（項目65参照）である「教師なんです。」「子どもたちのために譲っていただけないでしょうか。」を武器に交渉して、手に入れて授業に使うとおおいに盛り上がります。そのポスターを手に入れる旅に出るのもおもしろいものですよ。県の観光ポスターというのは、その県を凝縮した一枚になっているため、学びの素材になり得るのです。

　ポスターは現在のことだけではありません。例えば、大河ドラマに合わせた歴史のポスターは大変多く、その都道府県ゆかりの武将、合戦などの絵巻物が使われたり、武将のことをうたったキャッチコピーが多く使われるので、社会の歴史学習にもおおいに役立ちます。歴史のポスターは、社会の歴史の授業を一歩身近なものにする素敵なアイテムになることでしょう。

　最後に…もらえなければデジカメで写して使えばよいのです。

▷ **パンフレット・ローカル誌の活用**

　旅先の道の駅やサービスエリアなどで取ってきたローカル誌や、そこでしか手に入らない各県のパンフレットも、その県や地域の特色を知るよき資料となります。暖かい地域や、寒い地域それぞれの特産物など特色がわかります。子どもたちの住む街のローカル誌は、地域学習に役立ちます。街の飲食店などが紹介されているタウン誌などに掲載されているコラムは文章を書くときの資料にもなります。必要な部分を切り取って配布することで、子どもたちの意識を高める資料となるのです。歩けば目につくこれらのアイテムは、**とりあえず手に取って教材化できないか探ってみる**ことをおすすめします。

Q 教卓の右すみには何を置きますか？

ハンコ・スタンプ

▷ **スムーズな評価に**

　子どもの意欲・関心を高めるアイテムです。

　子どもたちから提出されたプリントや日記など、素早く見て返したいときにハンコがあれば便利です。

　最近は、様々なハンコが市販されていて、「見ました」と書かれたハンコや、様々なマークやキャラクターのハンコなどがあります。

　日記やプリントはいつもいつもコメントする必要はなく、ハンコで「見た」と示して子どもたちに返す。そのことでおおいに時間の短縮になります。教師の評価の一環としても、便利なアイテムなのです。

　また、ただ押すだけではなく、ハンコのイラストに自分で描き加えてみたり、イラストの横に教師のコメントを書いて吹き出しにしてみたり、**合わせ技にする**だけで子どもの興味・関心が高まります。

　複数購入しておき、教室、職員室などいつでも手の届くところにそれぞれ置いておけば、さらに便利です。

▷ **オリジナルハンコ**

　先生のオリジナルハンコがあれば、子どもたちも大喜びです。今ならハンコ作成キットも手軽に購入できます。余裕がある時に挑戦してみては？

教科書教材に関連したハンコでノートチェック。盛り上がります。

マイハンコ

マイハンコにコメントを添えて…。

Q 教卓の左すみには何を置きますか?

卓上ベル・ハンドベル

　手で「チーン」と鳴らす卓上ベルは、教室に置いておくと便利です。100円ショップでも売られています。

　「1分でスピーチをします。」など、子どもたちの発表で、時間を区切って止めるとき、チーンと鳴らすとそれだけで場は和みつつも活動を切ることができます。

　「チーン」と鳴るベルのほかにも、柄の長い、手で持って振ると音の出るハンドベルも100円ショップに売られるようになりました。そちらも、音色が違って、学習クイズに正解したときに鳴らして場を盛り上げるときや、「今日は〇〇くんの誕生日です。」と言ってハンドベルをちょっと鳴らすといった風に使えます。また、子どもたちにユーモアを持って、何か知らせるときに使えます。

　ただし、この2つは、教師の仕事の代わりとして使うものでは決してありません。1つのユーモアアイテムとして、楽しい活動の一環として扱うものです。ベルを鳴らして子どもを静かにさせるなど、卓上ベルやハンドベルに教師の仕事をさせるという認識で用いるのは危険です。

ITEM & IDEA 14

Q 「ピー」以外の笛を教えてください！

味わい深い笛
ダックコール

　生活科の学習や野外活動などで、子どもたちを集合させるときに毎度毎度「ピー」という"いつもの"笛の音で集めるのではなく、ちょっとおもしろい音色で子どもたちの気分を高めながら集合させる、というとっておきのアイテムがあります。

　それが「ダックコール」です。

　ダックコールはアヒルの鳴き声を模した音が出る、聞くと思わず笑ってしまうような素敵な音が出る笛です。

　私は、ネイチャーゲームの指導員をしているのですが、ネイチャーゲームの際には多用される笛です。この笛を教育現場に使わない手はありません。

　他にも、
「グレイグースコール」（ガチョウ）
「カラス笛」
「シカ笛」
と、様々な種類が出ていますので、ぜひ自分だけの笛を持っておき、学校の中での探検、自然を見つける活動、またはキャンプ先で使ってみてください。

商品名：『ダックコール』
販売元：ネイチャーゲームショップ
問い合わせ先：03-5363-6061

Q 教室の棚にあると便利な"アレ"ってなんですか?

サイコロ

　サイコロは、話す力を楽しく育てることや、学級経営、学習のふり返りにも使えます。

▷ **サイコロトーク**

　サイコロの面にお題を書いておきます。サイコロを振って出てきたお題ついて話をさせます。

　お題はシンプルなものや、セリフのようなものが盛り上がります。
例)
「すきなテレビ番組」
「ここへいけ!!」
「え~~~~!!」
「サイコー!!」
「私の恐怖体験」
「あったらいいなこんなもの」
「夢」
のような感じです。

　朝の会や終わりの会で日直当番などにサイコロを振らせ、ミニミニスピーチを展開すると効果的です。

　これなら、子どもたちも喜んで話すので、話す練習になります。

　また、サイコロを学習のふり返りに使うこともできます。

　単元の終了時に、その単元で学んだ学習事項が書いたサイコロを振

らせます。

　例えば、国語で『やまなし』を学習した際に、サイコロの面の中に「宮沢賢治」「花巻」「オノマトペ」「トブン」などの言葉を入れておき、その言葉が出たら、その話をさせるのです。

　また、学期末に学習のふり返りとして行えば教室は大変盛り上がります。

　話す内容は、最初は一言でもかまいません。

▷**サイコロミッション**

　こちらは、サイコロの面に「簡単な指令（ミッション）」を書きます。

　例えば、「かけ算の問題を３題３人の人に出せ」や「○偏の漢字を３つ答えろ」などです。ここでも、学習している内容に沿って指令を出せば、学習のふり返りにも役に立ちます。このようなサイコロが、班に１つあれば、同時に大勢で取り組めます。

商品名：『発泡スチロールサイコロ』
販売元：東急ハンズ

ITEM&IDEA 16

Q 全員の子の視線を集める学習クイズを教えてください。

モンタージュクイズ

クイズ形式でみんなが発言でき、盛り上がります。

▷ **作り方**

教科書や資料集に出てくる歴史上の有名人の写真を、B5サイズほどの大きさにプリントします。

プリントした写真を、横向きに一定間隔にカットしていきます。これで準備完了です。

▷ **使い方**

カットした写真は教室で書画カメラ（実物投影機）に写して使います。

子どもたちの前で書画カメラに、上から、下から、真ん中からと、1枚ずつ映していきます。徐々に写真が完成されていく中で、どんな有名人かがわかるわけです。子どもたちには写真を置いていく過程でわかったら手を挙げさせるようにします。

これは盛り上がります。普段なかなか発言できない子でも楽しんで発表してくれるでしょう。

▷ **いろいろな教科で活躍**

歴史上の有名人の写真以外にも、古墳や土偶、理科で学習した植物や生き物、実験道具など様々な写真をカットし、モンタージュクイズ

にしてみましょう。きっと子どもたちの興味・関心は高まり、集中して学習に取り組むようになります。学習への興味・関心を高め、ふり返りにもなるアイテムです。

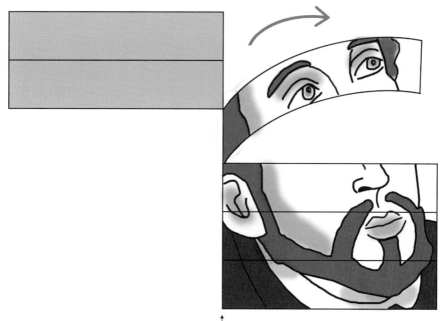

こちら側をとめておき、1枚ずつ置いていく

ITEM&IDEA 17

Q 高学年の教室設計に役立つアイテムはありますか？

使っていないノートパソコンを設置

　使っていないパソコンも、教室での使い方次第で輝きを取り戻します。

　教室に使っていないパソコンを置いて、休み時間などに自由に使えるよう開放するのです。

　子どもたちは、文書作成ソフトを使い掲示板のようにパソコンを使います。掲示板につぶやきや遊んだ内容を書き込むことは、キーボード入力の練習になります。

　おもしろい書き込みがあれば、プリントアウトして学級通信にのせることもでき、一石二鳥のアイテムです。

　もちろん使う際には、事前に、「他人の悪口は書かない」「マイナスの言葉は入れない」といったしっかりしたルール作りが必要となります。

ITEM&IDEA 18

Q 教室に"癒し"を取り入れたいのですが、何かよいアイテムはありますか？

観葉"教室"植物

　水耕栽培用のキットが発売されています。

　教室にいくつかセットし、ヒヤシンスやクロッカスの球根をのせて水を入れるだけです。毎日、球根から根が伸びていく様子が子どもたちにわかり、理科的な要素を身近に感じることができるアイテムです。

　また、水を使わないエアプランツなども教室に置いておくと植物に関する興味・関心を高めたり、インテリアとしても役立ったりします。

　最後に、ポトスなど観葉植物の王道と呼ばれる植物を教室の隅に置くことも、殺伐とした教室にしない工夫となります。

水耕栽培用キット　　エアプランツ　　ポトス

販売元：園芸ネット
問い合わせ先：http://www.engei.net

ITEM&IDEA 19

Q 子どもを"もっと"理科好きにするには、どうしたらいいですか？

子どもの最高の友
昆虫さんに来てもらう

　昆虫ほど子どもたちの知的好奇心を満たしてくれる"理科教材"はありません。教室に昆虫を持ち込んでみてください。

▷まず教師自身の意識を変える

　そのためには、まず教師自身が昆虫に対する認識を変えていく必要があります。子どもの前で、平気で昆虫に対して拒絶反応を示したり、「汚い」と言って払いのけたりする先生がいますが、その行為は子どもたちの生き物に対する興味を奪うことにつながります。例え昆虫が苦手な場合でも、子どもたちの前ではそのようなことをできるだけ出さないようにフラットな気持ちでのぞめるようにしましょう。ただ子どもの中にも、昆虫に対して怖さを抱いている子もいます。そのような子に対しては、まずは昆虫に直接触れるのではなく、昆虫を身近に観察できる便利な観察キットが有効です。キットを用いて、直接触らずに観察できる環境を整えてやるとよいでしょう。キットがなくても透明な小さなカップがあれば使えます。

　慣れてくれば、子どもたちは触りたくなってくるはずです。そのときは、おおいに触らせてあげましょう。教室の中で昆虫を飛ばしてしまうのも、特別な空間を演出できて素敵です。

▷昆虫と一緒に遊ばせる

　テントウムシが指の先から飛び立つ瞬間や、カミキリムシが重い体を必死に安定させて飛ぼうとする様子などを自分の目で見ることは、この上ない自然体験になります。

昆虫を教室に連れてきたらある程度羽目を外して、昆虫と一緒に遊ばせてあげるのが一番です。

▷昆虫を教室で飼う

　また、飼育できる昆虫はどんどん教室で飼ってみましょう。夏のカブトムシ、クワガタ類は昆虫ゼリー１つで簡単に飼えます。テントウムシもアブラムシを与えて飼う事ができますし、カナブンやハナムグリの仲間は同じく昆虫ゼリーで飼うことができます。チョウの幼虫をミカンの木から捕ってきて、「サナギ→成虫」という過程を見させてあげる。羽化したチョウをみんなでそっと眺める。秋にはバッタの仲間たち。昆虫を教室で飼うだけで、それはとても大きな理科体験となり、自然に接する時間を身近に確保できるのです。

　教室で昆虫を飼う時は、いつしかほったらかしになり、いつの間にか死んでしまっていたということがないように、きちんと係や当番を決めて、世話ができる時間を確保してあげましょう。

　教室の中での特別な活動には、すべてそのための**時間と場所をセットで考えて実践していく必要**があります。

　昆虫は子どもたちに多くの「気づき」を運んでくれる最高の友です。

フタのテントウムシの羽が開き、虫めがねが現れます。中の昆虫を細部まで観察することができます。

商品名：『てんとうむしの昆虫観察キット』
販売元：株式会社ボーネルンド
問い合わせ先：http://www.bornelund.co.jp

Q "非日常"を手軽に演出できるアイテムを教えてください。

ドドン！紙芝居舞台

カン、カン、カン、カンカンカンカンカンカカン…（拍子木）

『お、たくさんお集まりだね、先生方！教室で紙芝居をするなんて、なかなか憎いこと考えるじゃぁねぇか。昔々から続いている紙芝居は、今の世でもガッチリ子どもの心を掴むんだぜ。そんなときに重宝するのが、この「紙芝居舞台」！紙芝居を用紙だけで演じるよりも、うんと効果があるってもんだ。子どもたちの目は釘づけでぃ。』

と、まあ話は続きますが（笑）、紙芝居を引き抜く木枠を「紙芝居舞台」といいます。

教師は舞台を仰々しく運んで来ます。そして、そこから紙芝居の世界に入るという演出は、教室を特別な雰囲気を持った空間に作り上げてくれます。

そして、既製の紙芝居を使って子どもたちに紙芝居を聞かせてあげる。または、簡単でいいので自分で画用紙に紙芝居を作り、その舞台に入れて紙芝居をする。

学習させたいことを紙芝居式に提示していくという学習法も、子どもたちの視線を集め、意欲を高めるという点で有効です。

たまには、非日常を演出した学びの場もいいのではないでしょうか？

運ぶときはおごそかに。
使うときは堂々と。
教室の中の"非日常"の入り口です。

商品名:『紙芝居舞台』
販売元:株式会社　童心社
問い合わせ先:03-5976-4181

Q 書画カメラ（実物投影機）の効果が上がる使い方を教えてください。

　お手本にしてほしい子どものノートや、もうひと頑張りというノートなどを写しながら、教師がポイントを説明します。そのときに使う「書画カメラ（実物投影機）」です。

　子どもの視線は前方に集中します。その際、見せ方・紹介の仕方を変えるだけで、より興味を持って集中して見るようになります。

▷ **見せ方の例**

- ・一瞬だけ見せる
- ・下から上へスクロールさせて見せる
- ・一部分をアップにしておき、少しずつ全体を映していく
- ・全体から部分へと焦点化して見せる
- ・一部分だけを隠して出す
- ・実況入りで提示する

▷ **紹介の仕方の例**

　「さあ、本日のスペシャルノートの紹介です。現代の科学をもってしてもまったく読みとけない暗号の数々…そのようなノートが発見されました。日本初公開です！いきます！」と言って提示。（やりすぎですかね？）

　何でもちょっとしたひと工夫でワクワクの場面を作り出すことができるのです。

Q 楽しい"字形指導"ってありますか？

字形テスターを作ろう

　子どもの字を整えるのに使うユーモアアイテムです。字を整えるというよりも、むしろユーモアに比重を置いているため、大きな効能は望めませんので、予めご了承ください（笑）。

　テスターとは、「子どもの使っているノートのマス目の罫線の幅に合わせた窓をくりぬいた白ボール紙のようなもの」です（笑）。
　そのテスターを用いて子どもたちの机の間を回り、子どもたちのノートにそのテスターをあてます。小窓の中に字が収まっている子は、キチっと書けていて「合格！」。テスターに字が収まらないで、はみ出ている子は「残念！」というわけです。
　おもむろにテスターを取り出すところから教師は演出をして、
「それでは参ります。○○君の字は果たして、見事合格するのでしょうか？」
と、笑顔で話しながらやんちゃ君のノートにテスターをあてて回っていきます。
　教室が明るくなる、そして、ちょっぴり字を整えることを促すことのできるユーモアアイテムです。

Q 教室の空気を変え、学習にも役立つアイテムはなんですか？

それは P （パペット）

▷ 1．パペットとの出会い方

　パペットの売っていそうなお店に行き、心をワクワクさせながら探しましょう。パペットが見つかったら、一人ひとりと目を合わし、自分とフィーリングの合うパペットを連れて帰るようにしましょう。

　気に入ったパペットを陳列台から引き抜くときは、周りのパペットに「ごめんね」や「さようなら」と挨拶をして連れてくるようにしましょう。

　パペットは、口(くち)がパカッと大きく開くものがおすすめです（ここ重要です）。

　連れて帰る際、パペットが鞄からこぼれ落ちないように大切に連れて帰りましょう。そして、連れて帰ったら、買ってきたときの袋に入れたままにしないで、きちんと専用の袋や箱に入れてあげましょう。

▷ 2．パペットを教室に連れてくる

　初めて教室にパペットを連れてくるときは、子どもたちに決してその姿が見えないように慎重に連れてきましょう。

　あなたは、ニコニコというよりニヤニヤに近い顔で教室に入りましょう。そのとき、子どもから、
「先生、何ニヤニヤしているの？」
と突っ込まれたらベストです。そのときはおもむろにパペットを入れ

た鞄を机に置き、
「今日は、新しい友だちを連れてきましたよ。」
と子どもたちに切り出しましょう。
　そして、もうここからはおわかりかと思いますが、入れてきた鞄（もしくは箱）を手でゴソゴソと動かし、中で出たがっているパペットの気持ちを伝えてください。
「お、早く出たいって言っているよ。」
さらに、鞄に耳を近づけ、
「何？ああ、そうか。」
と話を聞く動作を入れると効果的です。
と、このように焦らしておいて、いよいよパペットの登場です！

　登場させるときは、一気にズバッと空中に飛び上ったように登場させるというのもありますが、体の一部を徐々に見せていき子どもの視点が１点に集中する工夫をするのも効果的です。全身が登場した後に間を作って…口パカッ！です。

▷ **３．教室の住人となる**

　パペットが登場したら、まず大切なのはパペットの名前を紹介することです。名前はギャップがあるものがおすすめです。例えば、可愛い宇宙人のパペットに対して「サイトウさん」と和名（和風な名前）にする。また、名前を子どもたちと一緒に考えるというのも親しみが湧きよいかもしれません。
　最後にパペットを使って、子どもたちを笑いに誘ってみましょう。
　ここからは、パペットとの会話形式でお送りします。

T　「え？なになに、君は超能力が使えるんだって？」
　　P　（うなずく）
　　T　（パペットに顔を近づけウンウンとうなずき）
　　T　「え？このクラスでしょっちゅう宿題を忘れてくる子がわかるの？今日来たばっかりなのに？それは誰？」
　　T　（パペットを見渡すように動かし、宿題をよく忘れるやんちゃ君の前で…パペットの口を大きくパカッ！）

　このとき、パペットにセリフはいりません。教師がパペットの声を耳元で聞く動作で進行することができます。子どもたちからは大きな笑い声が生まれるでしょう。
　これから、パペットを様々な教科で使い、子どもたちと楽しい時間を作り出してください。

▷4．教科での助っ人

　英語の授業では、パペットと会話をして見本とします。
　パペットにわざと間違えさせ、子どもに指摘させることもいいでしょう。
　低学年における国語の発表の練習、スピーチの練習に"パペット"を見本として使うこともできます。
　あなたの最強の助っ人、それはコードネーム「P」！（笑）
　今日からステキな教室の住人です！

購入先一覧

KIDDY LAND
　http://www.kiddyland.co.jp/

トイザらス
　http://www.toysrus.co.jp

サン・アローギフトショップ
　http://www.sun-arrow-giftshop.com

他

ITEM&IDEA 24

Q 仕事を効率よく楽しくするとっておきのアイテムはなんですか？

ずばり、ティチャーズ ログ・ノートを持つことです！

　現場の先生（私ですが）が考えた、現場の先生のためのスケジュール帳です。

　スケジュールはもちろん、子どもの発言や様子を記録する欄や、月毎の配布プリントを貼り付ける掲示板のページもあるので先生の"ライルスタイル"を変えてくれることでしょう。

　そしてさらに、巻末の付録につけている「さまざまな言語活動を促す付録」は、それだけを使っても授業ができるほどのものを用意しています。

　例えば、ログ・ノートを片手に巻末についている「日記一覧表」を見て、日記や作文で書くテーマを子どもたちに伝えることもできます。

　スケジュール管理はもちろんのこと、様々な教師生活をバックアップしてくれる素敵なものに仕上がっています。

　おまけに！表紙にはビニールカバーが付いており、自分で写真を入れたり、見に行ったチケットの半券を入れたりして、**カスタマイズしていける**という大きな要素も加わっています。

　教師生活を楽しく、知的に過ごすための必須アイテムです。

　どうぞ、皆さんお使いください（笑）。

▷ **教師生活を風化させない**

　ログ・ノートの「ログ」は、簡単に言うと「記録」ですが、私たち

教師は念願叶って教師になったその日から、子どもたちとの様々な関わりを通して、子どもとのエピソードの宝物を手に入れてきているはずです。その思い出をより意識的に「ログ」として残していくこと、それがこのログ・ノートの名前を考えたときの気持ちです。

　教師生活の日々を風化させず、毎日毎日自分だけの"ログ"として残していく、たまっていく。その存在としてのログ・ノートです。

　その年の一冊一冊が、自分の教師としての歴史を刻んでいる"証"となるのです。

商品名：『TEACHER'S LOG NOTE』（ティーチャーズ　ログ・ノート）
販売元：株式会社フォーラム・A
問い合わせ先：06-6365-5606

Q オススメの「ノート」はありますか？

アイデアが湧き出るノート

▷ ① ニーモシネ

私は、"アイデアを出させるノート"というものがあると実感しています。それが、このニーモシネのノートです。少し高価ですが、見た目のスマートさや紙の質がとても良いノートです。

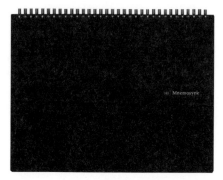

商品名：『Mnemosyne（ニーモシネ）』
販売元：マルマン株式会社
問い合わせ先：03-5925-6155

ノートは普段書く目的があって開くものですが、このノートにはその逆があります。というのは、とりあえずノートを開いてみる気にさせられるのです。そして、ノートを開くことでアイデアが浮かんでくる…。

私は無地のＡ４サイズを使っています。書き心地も良く、タイトル欄もありアイデアも広がっていくので重宝します。イラストや何か図解を書くときも書きやすく、またミシン目が入っているので切り離すこともでき、資料として持ち運ぶことにも適しています。

授業のアイデアを考えたり、マインドマップを書いてアイデアを広げたり、旅行に行ったときにその観光地のよさを１枚にまとめることもあります。アイデアを出させ、何かやる気にさせてくれるノートなのです。

▷**②モレスキン**

ヴィンセント・ヴァン・ゴッホ、パブロ・ピカソ、アーネスト・ヘミングウェイ…

　様々な著名人が使用した"物語性"を持つモレスキンは、ただ所持しているだけでもワクワク感を抱かせるおすすめのメモ帳です。

　私はカラーノートブック（Large）を授業ノートに使っています。コンパクトで鞄にも入れられ、教室間の持ち運びにもとても便利です。子どものノートをたくさん見ているときに机の少しのスペースにも置いておくことができ、たくさんメモすることもできます。カラーバリエーションも様々あるので気分にあわせて色々な色を選択することができます。ワクワク感もあり実用性を兼ねそなえたメモ帳です。最後のページにはポケットがついているので、少しくらいの資料なら持ち運ぶことができます。それも隠れたポイントです。

　このメモ帳は思い入れのあるメモ帳として大事に使用することができるのでおすすめです。

　私は、このメモ帳に子どものノートに書かれていたこと、授業のネタ・アイデア、授業の計画、子どもの発言など教師としての"とっておきのこと"を書き込んでいます。

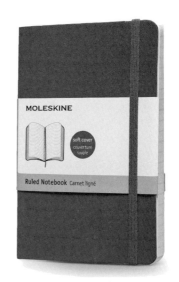

商品名：『カラーノートブック
　　　　ソフトカバー』
販売元：エムディーエス
問い合わせ先：
　　www.moleskine.co.jp

▷③その他のオススメのノート

・nanuk（ナヌーク）
　http://www.nanuk.jp/
　書きやすく"特別感"のあるノートです。
・紳士なノート（アピカ株式会社）
　http://www.apica.co.jp/cd_notebook/
　書き心地が良いノートです。
・MD NOTEBOOK（MIDORI）
　http://www.midori-japan.co.jp/md
・ダブルリングノートＢ５ブラック無地　ブランドノワール
　（etrangerdicostarica　エトランジェディコスタリカ）
　http://www.etrangerdicostarica.biz/
・Ａ４のノート
　Ａ４のノートは開くとＡ３になるのでＢ４までのプリントが切らずに貼れます。

筆者の使っているノート

ニーモシネ

ダブルリングノート

ITEM & IDEA 26

Q オススメの「文房具」はありますか？

仕事の"勝負"文具

▷ 1．3色ボールペン

「ジェットストリーム」uni（三菱鉛筆株式会社）

　常に携帯しておきたいアイテム。

　黒はメモ、赤は丸つけ、青はアイデアなど、1本で使い分けることが可能で、蛍光ペンの色の上からでも滲みません。

▷ 2．ノック式鉛筆

　アイデアをどんどん出す、軽くメモする、後から消すかもしれないというときは鉛筆代わりに重宝するアイテムです。

「大人の鉛筆」（北星鉛筆株式会社）

　見た目も、書き心地も鉛筆ですが、使い方はシャープペンシルという筆記具です。使い心地がクセになります。

商品名：『大人の鉛筆』
販売元：北星鉛筆株式会社
問い合わせ先：
　　　　　　03-3693-0777

「ヘルベチカ　2mmシャープ」（伊東屋　オリジナル）

　鉛筆のように使える2mm芯専用のノックシャープペンシル。こちらは胸に刺せるのがポイントです。

商品名：『ヘルベチカ』
販売元：株式会社　伊東屋
問い合わせ先：
　　　　　　03-3561-8311

55

▷ **3．起立するペンケース**

「ネオクリッツ」(KOKUYO)

　立てられるのでペン立てとしてつかえます。必要な筆記具をさっと取り出せる便利なアイテムです。これを置けば、そこが仕事場です。

商品名：『ネオクリッツ』
販売元：コクヨ株式会社
問い合わせ先：0120-201-594

▷ **4．デジタルメモ**

「ポメラ」(KING JIM)

　メモに特化したデジタルアイテム。軽くて、いつでもどこでも持ち運びでき、起動も「開いて2秒」と速い。私の一番大きな使い道は、日々の授業記録です。教室を移動するときも常に鞄に入れておき、授業が終わった後、すぐに開いて授業のことをメモします。デジタル化されSDカードに保存されるので、学級通信にすぐに活用できます。「とりあえずポメラに打ち込んでおく」ということを習慣にするとよいでしょう。

　専科授業などで空きができた時は、最初の10分を使い授業記録を取ったり、子どものエピソードを思い返して打ったりしています。

商品名:「デジタルメモ『ポメラ』DM100」
販売元:株式会社キングジム
問い合わせ先:0120-79-8107

「いつでも、どこでも打ち込める」というのは、教師という仕事をしている者にとって大きなアドバンテージとなります。

　書くことを習慣化するための役割もしてくれるアイテムとも言えるでしょう。私の仕事は、もはやこのポメラがないと成り立たないと言えるほど重宝しているアイテムです。

▷ **5．名　刺**

　文房具ではないですが、意外と持っている先生が少ないアイテムです。特に社会見学や研修など、学校以外の方と会う機会があるときに社会人として必要です。自作でも、お店に頼んでも簡単にできます。

ITEM & IDEA 27

Q インパクトのある「実物教材」を手に入れたいのですが。

THE 実物

　やはりどの教科でも実物の与える効果、子どもへのインパクトは大きいものがあります。「え、これが！」というものを教室に持ち込んで、子どもたちのハートを鷲掴みしちゃいましょう。

　例えば、私が実際に使ったことがあるものには次のようなものがあります。

▷集魚灯

　友人の先生が実際に漁港へ行って『伝家の宝刀』(項目65参照)を使い、実物をもらってきたものです。目の前で見る集魚灯は、とても大きくカッコよく、実際に私も社会の授業で使わせてもらいました。大きな段ボールからヌッと出し、その姿を見た子どもたちの歓声は今でも忘れられません。

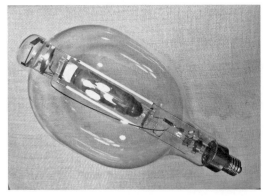

実際に筆者が使用した集魚灯。実は顔よりも大きいのです！

▷ **赤穂の塩**

　兵庫県の赤穂市は塩田で有名です。忠臣蔵でも有名な赤穂市には、私もよく行くのですが、「赤穂市海洋科学館」に入場すれば、本物の赤穂の塩をゲットできます。現在、赤穂の塩として売られているものは、原料である海水はオーストラリア・シャークベイのものを使用しているものがほとんどです。しかし、「赤穂市海洋科学館」で手に入れられる塩は、昔ながらの材料と用法を使った塩づくりで造られた貴重な塩なのです。近くに行かれた際は、ぜひゲットして下さい。

入手先：赤穂市立海洋科学館　塩の国
連絡先：0791-43-4192

▷ **金印レプリカ**

　福岡県では、志賀島で発見された金印のレプリカが手に入ります。金色に光る金印はとても綺麗です。
　教室で金印を白い手袋をはめ仰々しく取り出すと、子どもたちは半信半疑で
「これ本物？」
「まさか！？」
といった"素敵な反応（笑）"を得ることができます。

ぜひ、現地に行かれた際には購入されることをおすすめします。
　教科書の写真だけより、レプリカでも実物の持つ威力は大きいので子どもたちはきっと教卓に集まってくるでしょう。
　余談なのですが、そこでは「金印スタンプ」というものも売っており、本物と同じ刻印を押すことができます。それは安価で手にいれることができます。ぜひ、弥生時代の学習のノートチェックには「漢委奴国王」と印字された金印スタンプを教室で使ってください。

『金印レプリカ』『金印スタンプ』
販売元：(公財)福岡市文化芸術振興財団
問い合わせ先：http://www.ffac.or.jp

おまけ　…金印せんべいも発見！

アイデア編

ITEM&IDEA 28

Q クラスの"ムード"を上げる方法を教えてください。

「すばらしいメーター」を設置しよう

　黒板の端にグラフ（10目盛りくらい）を描きます。

　先生が子どもに「すばらしい」と言うたびに、グラフの目盛りが1つ塗られるというシステムです。

　メーターが1つずつたまっていくことで、子どもたちのやる気やニコニコの度合いも上がっていきます。

　新学期や、学期はじめに子どもたちにこのシステムを提案してみましょう。

　メーターが満タンになれば、教師のおもしろ話の紹介や、給食の牛乳で乾杯など、ちょっとしたご褒美があれば、子どもたちのやる気、頑張ろうとする気持ちが上がります。

　私がこのメーターを考えたときは、実はクラスの子どもたちに落ち着きがなく、注意する場面が増えて、教室の雰囲気が落ちているときでした。

　そのときに、このままどんどん注意しても教室の空気は良くならないと考え、逆に先生が「すばらしい」と発するたびにメーターを上げていこう。教室を「すばらしい」で埋め尽くしていこう、ということを提案したのです。

　そのようなことがあって始まったシステムですが、マイナスが積み重なるよりもプラスを積み重ねていく効果を実感することになりました。ぜひ教室の一体感が増すメーターを教室で行ってみてください。

ITEM&IDEA 29

Q クラスの子の良さをたくさん発見できるアイデアを教えてください。

教室ライブ中継があります！

　黒板の端に、教師が見つけた子どもの良いところ、成長したところをライブ中継風で書いて伝えます。

　些細なことでも、子どもたちの良いところを見つけて書きます。
「田中くん、すごい集中力で書いています。」
「斎藤さんが、何度失敗しても、あきらめずに跳び箱に挑戦していました！」
など、個人名を出して書くと効果的です。

　また書く内容は、「体育で取り組んだ種目ついて」「合唱中に特に良い笑顔で歌っていた子」や「え、そんなこともあったの？」と子どもが驚くようなミクロな出来事を教師が見つけておき、名前入りで紹介します。そうすることで認められた子は喜び、他の子は、
「この先生は、こんなに自分たちのことを見ているんだ。」
となり、子どもたちの信頼を得ることができるのです。

　ポピュラーなこと、マニアックなこと混ぜて書いていくことがコツです。より良い学級づくりのためのアイデアです。

Q 子どもの"やる気"に火をつける仕掛けはありますか？

資格認定システムを機能させましょう

　子どもをやる気にさせる1つの手段として「資格（段位）認定システム」というアイデアがあります。
　「日記プリンス」「日記プリンセス」「箇条書きの女王」「跳び箱王子」「歴史博士」などなど、様々な「資格」や「段位」を認定して、教室でその子の存在意義を高めます。その中でも、私は主に日記指導に資格認定システムを導入しています。
　子どもたちが提出する日記に「グランプリ」や「プチグランプリ」といった評定をつけ、「グランプリ」でシール3枚、「プチグランプリ」でシール2枚とし、日記帳の表紙にシールを貼らせます。そのシールが100枚たまれば、「日記プリンス」「日記プリンセス」になり、200枚たまれば、「日記キング」「日記クイーン」となるようなシステムです。日記キングになった子は、白い手袋をさせ、ワイングラスを片手に記念写真を撮影してあげます。何ごとにも、やるからにはとことんやる。やり過ぎるぐらいの方が子どもたちの心に響きます。日記キングや跳び箱王子になった子は、その活動の際、先生の代わりに助言やアドバイスをするという役割を与えることも大事なことです。
「先生が行くよりも、王子のあなたが行って書き方のコツを教えて来てあげてね。」
と言う方が、子どもにとって有効なときがあるのです。
　資格保有者には、おおいに"仕事"をしてもらいましょう。

ITEM&IDEA 31

Q 子どもをやる気にさせるにはどうすればいいですか？

その学習の"魅力"を語る

　子どもが授業でやる気が出ないのは、先生が自分自身の感じているその教材への、その教科への「魅力」を語らないからです。

　「正しいこと」も大事ですが、「楽しいこと」はそれをも包括するものだと私は考えています。

　授業は「やり方」、「指導内容」だけを語るのではありません。先生が抱いているその教科の「魅力」、その活動への「思い」も語るのです。

　もちろん先生であっても思い入れに違いは当然あります。ですから特に「魅力」を語るのは自分の力を入れている教科、研究している教科や領域で構いません。

　平々凡々と日々が過ぎていくような子どもへの接し方、授業の流し方にならないことです。

　「魅力」を語る先生の姿に、まず子どもたちの心は動かされます。

　私は忠臣蔵のエピソードが好きで毎年その時期になるとその話をするのですが、子どもたちは真剣に聞いてくれます。そして実際に忠臣蔵の舞台兵庫県の赤穂市に行きたい、と言い出します。

　教科内容や学習内容は違えども、「学習」に対する構えや、好奇心の育み方はすべてに共通しています。

　そのものの「魅力」を語る、その現象を魅力的に語ることです。

Q 子どもを笑わせたいのですが。

ツッコミ力(りょく)を磨く

　子どもを笑わせるためには、何も漫才師のようにおもしろいことを言おうと必死になる必要はありません。先生が何かギャグを言ったり、子どもの機嫌をとるようなことを言うことではありません。

　子どもを笑わせたいと思うならば、「子どもへの"ツッコミ"」で笑わせます。ツッコミと言っても馬鹿にできません。教師のツッコミ力はとても重要で、**子どもの意見や発言を生かすも殺すも、先生のツッコミ力にかかっている**といってもよいくらいです。子どもが何か一言発したときに、すかさず先生がパッとつっこむことで笑いが起こります。

　例えば、こんなことがありました。

　全校朝礼で「のび太くん」の話が出ました。のび太くんは、いつもは弱虫でも、いざというときに勇気を出せる心の優しい素敵な子だという話でした。その朝礼が終わり教室に戻ったとき、私はある子にこう話を振りました。

「○○くん、のび太くんって誰かに似ていると思わない？」

　私の期待していた答えは、その直前に勉強していた『モチモチの木』という作品に出てくる主人公の「豆太」でした。（「のび太」も「豆太」も「太」が一緒ですね。(笑)）

　ところが、その子は

「え、俺？」

と答えたのです。そのときに、私が「俺」の「れ」でつっこんだのが
「あ、そうくる?」
だったのです。クラスは笑いに包まれました。

　これは、何気ない例ですが、教師が即座に返す言葉によって教室が笑いに包まれることはたくさんあります。教師は**良い反射ができる言葉を集めておきましょう。良い反射ができる心の準備をしておきま**しょう。

　それこそが、子どもたちを笑わせるということにつながってくるのです。

ITEM & IDEA 33

Q "特別な一日"を演出するアイデアを教えてください。

それなら、裸足で教室IN！

「今日は徹底的に教室の床をきれいに掃除するぞ！」

先生の一言から始まった今日の掃除は、少し特別な感じがします。

それは…

子どもたちは先生の一言に疑問を持ちます。教室に「なぜ？」のハテナが浮かんだところで、おもむろに先生は言います。

「今日は、裸足で授業を受けてみよう。」

ここで、歓声や大きなどよめきが起きます（笑）。

裸足で教室に入る、ただそれだけのことですが子どもたちにとっては十分な"異世界"です。教室が特別な空間に変わります。

その日の掃除はことのほか熱心な掃除となります。

床をほうきで掃き、綺麗に雑巾がけをした後、机を教室の後ろに下げさせてから、全員で廊下に出て入口で靴と靴下を脱ぎ、裸足になって教室IN!!

子どもたちは大騒ぎです。

そのまま授業をしては、子どもたちもすぐに集中できないので、先生は子どもたちの日記を持って、教室の真ん中に子どもたちと車座になって座ります。そして、用意していたクラスの子の日記帳を1冊ずつ笑顔で紹介していきます。車座で座った子どもたちは、日記を読まれた子どもの顔を見たり、誰の日記か考えたり、和気あいあいととても良い空気が教室に流れます。

この空間では、教師は叱ったり、注意したりは厳禁です。あくまで、

みんなが笑顔で楽しく過ごせる時間という意識のもと過ごさせたいものです。

　また、日記の紹介以外にも、一人ずつ簡単なスピーチをしていくこともできます。クラスのお友だちの素敵なところや、自分が頑張っていること、悩んでいることを一人ずつとつとつと話す。シーンとした時間の中で全員がつながっているという感覚を生じさせることができます。クラスづくりにおおいに役立つ演出なのです。

　ちなみに「教室IN」した後の盛り上がりを静める方法ですが、教師は声を発せずに、まず座ります。子どもたちにジェスチャーで車座に座るように促します。そして、静かになるまで待ちます。

　子どもたちの話のトーンが下がってくれば、おもむろに日記を読み始めたり、カードを見せたりします。カードには、「楽しかったこと」「悩んでいること」「おいしかった話」「素敵なこと見つけた」などの文言が書いてあります。そのカードを、教師は一言も話さずに、みんなに見せていきます。それを見た子どもたちはだんだんと私語をしなくなり、「あ、何が起こるんだろう？」という期待感のもと、徐々にざわつきが小さくなります。静かになったところで先生は初めて、
「今から、一人ずつスピーチをします。」
と、声に出せばいいのです。

　たまには"非日常"を演出してみましょう。

Q 教室で問題があったときの前向きな解決方法を教えてください。

「○○会議」システム

▷短い時間で「○○会議」を開く

・給食を早く準備するための「給食会議」
・掃除がうまくなるための「掃除会議」
・休み時間にもっとみんなが楽しくなる「休み時間会議」
・班で活動したいときに開かれる「班(グループ)会議」

　会議仕立てにして短い時間で子どもたちに話し合わせて、その案を実際に実行させましょう。

　子どもたちも「会議」という言葉を使うことで、ちょっとかしこまった気持ちになり、特別感も出るので、後は教師がうまくのせていくことで自分たちのこととして感じ、考えるようになります。

▷結論を出す、書く

　会議したからには結論が出なくてはいけません。大事なポイントは、この会議は提案する議題や問題があり、そして結論が必要だということです。ただおしゃべりすることではありません。

　黒板に書き出して共有し、その会議の結論を最後に一行もしくは一文で書く。

　出た結論は紙に書いて貼ります。今月の目標のところに紙を貼ります。みんなで声かけをして、うまくいっているかチェックする。うまくいかなかったらまた会議を開く。

自分たちの中で起こった問題を、自分たちで話し合って決めていく。話し合いの力もつきます。当事者意識を持って問題を解決しようと取り組めるようになっていくのです。

▷**明るく前向きな会議を**

　気をつけなければならないのは会議が反省ばかりの会になったり、クラスの仲間の指摘ばかりになったり、文句を言う場になったりしないようにすることです。これでは会議は開かない方がまし。会議は明るくサッパリと、前向きなものにするのです。

Q 子どもへの言葉がけで工夫できることはありますか？

助詞に気をつける

　子どもに何かを頼むとき、「○○君〜してくれる？」という場面があります。でも敢えてその子に頼んでいるのなら、きちんとその気持ちを子どもに伝えましょう。
「○○君"に"頼みたいんだ。」
と言うのです。
「○○君"が"いいんだ。」
も刺さります。
　「に」や「が」を入れるだけで俄然こちらの「君しかいない」という気持ちが伝わります。ここは何気なく伝えないで、きちんと言葉を意識して伝えることで、それは単なる「指示」ではなく、「指導」になります。その子を"育んでいる"ことになるのです。
　一人ひとりの子を育む学級経営はこうしたたった一つの「助詞」から成り立っているのです。

Q 子どもたちがなかなか指示したとおりに動けません。

先に褒めてしまう

　低学年では特に「先に褒めてしまう」のが有効です。

　列に並ばせるとき。「真っ直ぐに並んでいるね。」と先に褒めてしまう。子どもたち、それを聞いて真っ直ぐに並ぼうとします。

　発表させるとき。

　「手がピンと伸びているなあ。」と先に褒めてしまう。ひじが曲がっていた子はピンと伸ばし、伸びていた子はさらに手を天井に突き刺さるように挙げます。

　「真っ直ぐに並びなさい。」「手をピンと伸ばして挙げなさい。」と言うよりも空気はやわらかですよね。

　私は、子どもたちが意欲的に動ける教師の投げかけの言葉を「教室コトバ」として収集するのが趣味（笑）です。こうして先に褒めてしまうのもその一環なのです。

　何を言うかも大事ですが、「伝え方」もとても大事なのです。

Q 学年全体に落ち着きがありません…。

学年団の仲が良いこと

　学年の全クラスの子が自分の教え子のような感覚になれたら素敵ですよね。まず先生サイドの意識を変えていきます。

　それにはまず、学年の先生の仲が良いことです。仲が良いとは言っても「一緒にどこかへ出かける」というようなことではありません（笑）。

　学年団の結束はどうしたら生まれるのか。

　それは、「一緒に授業の話ができること」です。

　職員室で、放課後の教室で授業の話ができる。これは学年団の真の結束を生みます。

　授業が充実してくると、まず学年団の仲が良くなります。これが大事なのです。

　学年団の仲が良くなると、子どもたちが落ち着いてきます。

　子どもたちは驚くほど教師のことを見ているからです。それも先生どうしの様子も見ています。先生たちがギクシャクしていたら子どもの心も荒んできます。

　学年全体が落ち着きがないときは、子どもへの指導はもちろんのこと、自分たちの姿も振り返ってみてはいかがでしょうか？

Q 給食当番がなかなか集合しません。どうしたらいいですか？

ズバリ、待たないこと

▷ **給食当番の集合のさせ方**

いきなり結論を述べます。
それは、「待たないこと」です。
身も蓋もないような答えですが、子どもたちは、**待つから**
「あ、待ってくれている。」
という意識が働いてなかなか集合場所に来ないのです。

ですから、まずは場所に気を遣います。並んでいる給食当番の子が教室から見えない場所が当番の"待ち合わせ場所"です。そこで集まると、教室から集まっているかどうかが見えないので、急いで集合場所へ行こうという意識が働きます。

さらに、みんなが揃うまで待ちません。早く来ている子をずっと待たせるのでなく、ある程度待ったら、来ている子と一緒に出発します。遅れて来た子が急いで後からついてきます。全員が揃うまで待つことも大切ですが、**時として待たずに出発する**という方法も有効なのです。

Q 給食指導で大切なことは？
"できたて"を食べる！

▷ "できたて"を食べる

「熱々」を食べることが、食育のまず第一だと思っています。作りたてが一番おいしく、また、作りたてをいただくことが作ってくださった方への最大の感謝だと思います。

ですから、給食指導で大切なこと。それは**「いただきます」までの時間を短くすること**です。

できたてを食べようと思うと準備も早くしなければいけません。また、配膳の仕方も考えないといけません。どうやったら早く食べることができるか、子どもに考えさせましょう。

▷ 指導の時期・方法

4月や学期の初めに「早く食べるには、どうしたらいい？」と子どもたちに聞いてみることです。きっと、「こんな風に配ればいいんじゃない？」「こうやって並べばいいんじゃない？」など、いろいろなアイデアや意見が出るでしょう。

そして、そのアイデアをいくつか試してみる。4月はそういった時期でいいと思います。みんなで考えた方法には「〇年〇組　給食システム」などと名づけてシステム化して、一年かけて使っていく。途中、トラブルや困ったことなどあれば「〇年〇組　給食会議」を開いて、「最近、給食が熱々で食べられなくなっているけれど、どうしてか

な?」と原因を解明する時間を持てばいいのです。
　給食指導というのは、第一に「熱々で食べるにはどうすればいいか」を子どもと考えるプロセスを組んで、それを徐々に進化させていくのが理想的です。

Q 掃除指導に困っています。

スペシャリストを育てる

▷ 一言も話さない

　掃除指導は、一言も話さない指導法が様々なところで紹介されていて参考になると思います。私のクラスも、掃除中は一言も話さない方法でさせています。
　一言も話さない掃除のイメージを持たせるには、ビデオに撮り録画したものを見せてあげるということが有効です。
　例えば、４年生担任なら５年生に、
「５分だけ掃除の姿をビデオに撮らせて。」
とお願いして、黙々と掃除している姿をビデオに撮り、それをクラスの子どもたちに見せてあげればよいわけです。さらに、大事なことは担任の先生も一緒に黙々と掃除することです。

▷ 一定期間変えない

　掃除場所を一週間など、短い期間で交代することがありますが、その方法だと、その掃除場所が上手になり始めたころに違う場所に変わることになります。**場所は一度決めたら一定期間変えずしっかり経験を積ませましょう。**その間、先生は各場所を周り掃除の仕方をしっかり指導します。
　掃除用具は１人１つ担当します。これも毎日担当を変えるのではなく、一週間など一定期間担当させて"スペシャリスト"に育てます。

一定期間、同じ場所で同じ道具を使って掃除をさせる方が落ち着いて掃除に取り組めます。
　場所や用具の担当を決める時は、教師が決めます。
　期間の目安は、掃除場所は1か月、用具は2週間ぐらいで変更するとよいと思います。
　私の場合は1か月は同じ場所を担当させ、1年で全ての場所を回るようにしています。

Q 帰りの会の時間帯がいつもダラダラとしてしまいます。どうしたらいいでしょうか？

帰る用意を「さようなら」の後にさせる

　帰りの会前後には様々な指導がなされると思います。その中で一つ、帰りの会がスムーズに行く方法を紹介します。それは、「帰る用意」を「さようなら」の後にする、ということです。

　ただそれだけのことですが、帰る用意を「さようなら」の前にしなければならない、と思い込んでいる先生は多いようです。

　帰りの会が始まる前に教室がザワザワ、ダラダラしてしまう大きな要因は「帰る用意にかかる時間が子どもによってバラバラ」ということが考えられます。

　早く帰りたい子は、サッと用意をして待っています。

　なかなか動き出せない子は、まだランドセルも取りに行っていない…そのような事が生じてきます。

　そこで、「帰る用意」をさせずに「帰りの会」を始めてしまうのです。そうすれば帰りの会を6時間目終了後サッと始められます。

　そして、「さようなら」の挨拶が終わって、早く帰りたい子は一目散に用意をして帰ります。他の子の用意が終わるのを待つ必要もありません。逆にノロノロしている子は自己責任で（笑）どんどん遅くなっていきます。でもそれは放課後ですから時間調整できますし、担任の先生が個人的について指導することもできます。帰りの時間をスマートにするには、時間の使い方を各自に委ねるのではなく、一斉にできるところまでサッと進めて一日を終了し、その後を各自の時間に委ねるのです。

Q クラス内の「自治」をどのように育んでいけばよいでしょうか？

どの場面で「失敗」させるかが大切

　誤解のないようにあらかじめ触れておきますが「自治」は大切です。
　流れとしては最初にきちんと教師がレールを引き、こうすべきと示し、指導し続けた上で「自治」へと移行していく、という流れです。
　「自治」を考えるとき、大切とされるのは「敢えて失敗させてそこから自分たちで学んでいくのが大切」という考え方です。これは正しいことを言っているとは思います。
　しかし、です。ここから間違った方向へ行き、痛い目を見る先生も増えています。
　誤解を恐れず書いてしまいますが、「自治を育む」ということに関しては、「無理に育まない」ということも大切です。
　私語で騒がしい。
　奇声を発する。
　トラブルが頻繁に起こる。
　仲間のつながりが薄い。
　これらの状態で４月をスタートすることになった場合、考えるべきは「自治」ではありません。まずは「ルール」です。なぜなら学校は子どもたちが「勉強」をしに来る所だからです（もちろん一方で仲間づくり、人間関係を学ぶことも大切です）。
　上記のような場合、まずは教師が学級を安心して学べる場所にしなければなりません。できないことは何度も話をし、させていかなければなりません。

「いや、その時こそチャンスだ、うまくいかない中から自治を育む過程で学級が育つのだ。」というもっともな意見が聞こえてきそうです。しかしうまく行かない場合の全体の掌握は大変です。だれでもサッとできるようなことではないでしょう。
　まずはきちんと廊下に並び、移動する。
　まずはきちんと「返事」できるようにする。
　まずはきちんと「お礼」が言えるようにする。
　このようなことを繰り返し、笑顔で、時にはユーモアを交えながら指導し、できたらその都度おおいに褒め、定着させていくのです。

　さて、ここでは「自治はいらない」という話ではありません。次はこれまでのことを踏まえた上で「自治」をどう育むか、に入ります。
　「自治」を考える時に大切なのは、"どの場面で「失敗」させるか"です。
　それは、「教師のコントロール下に置ける場面」です。
　前頁のような生活場面での失敗は教師のコントロール下に置くことが困難です。トラブルの解消に様々な不確定要素が絡んできます。
　では、教師のコントロール下に置くことができるのはどのような場面か。それは「授業の中」です。
　「失敗」は授業の中でさせるのです。
　わかりやすいのは「話し合い」の場面。
　自分たちで意見を出し、つなげ、広げていく過程は簡単ではありません。そこでは必ず「失敗」が起こります。

　意見が途切れる。
　声が聞き取れない。

意見がつながらない。
　テーマから逸れていってしまう。
　意見を集約できない。

　もう「失敗」選び放題です（笑）。
　これならあらかじめ教師は「失敗」を予測しておくことができますし、授業の中でのことなのでそれは厳密には「失敗」ではなく、成功への「良い経験」です。
　そこで、教師がパッと手を出してしまわずに、見守ってみる。「このまま意見がなかったら話し合いは終わろうね。」と爽やかに言ってみる（笑）。そして子どもたちの出方を見るのです。「さあ、どうやって這い上がってくるかな……。」という具合です。
　合間に「言葉の最後を工夫してみるといいんだけど……おっと、先生はあまり話したらみんなだけの時間を潰してしまうね。」と言って「ポイント」を"瞬間指導"します。そこで子どもたちは「語尾」に注目し、「〜はどうですか？」などと言葉を変え出します。
　このように「失敗」は授業の中でさせ、教師はあくまでも傍観（見守っている）している体（てい）で適宜指導を入れながら子どもたちの授業における「自治」を育んでいくのです。
　もちろん子どもたちが自分たちで話し合いをうまく回すことができ出したらおおいに認め、具体的に褒めることは忘れずに。
　「自治」に縛られず、まず「規律」ある学級づくり。
　「自治」は授業で育む、これです。

ITEM&IDEA 43

Q スキマ時間に使える "必笑ネタ" を教えてください！

「〇〇ってどんなの？」をする！

　クラスが盛り上がる遊びの鉄板ネタ、それはズバリ「"〇〇"ってどんなの？」です。〇〇には、有名なキャラクターや人物が入ります。
　子どもたちのだれもが知っているような有名なキャラクターを想像で描かせるアイデアです。
　まず、子どもたちにＢ６くらいの白い用紙を配ります。そして、教師がお題を出します。例えば、
　「"ドラ〇もん"ってどんなの？」
　「"サザ〇さん"ってどんなの？」
　「"ミッ〇ー〇ウス"ってどんなの？」
といった感じです。子どもたちに想像でお題のイラストを描かせます。
　描き終わったら、作品を教師が紹介しましょう。
　「さあ、衝撃のミッ〇ー〇ウスが登場します。宇宙から来たミッ〇ー！皆さん、ご覧下さい！」
と、**面白おかしくDJ風に話しながら一人ずつ紹介していく**のです。これがもう面白いのなんのって！クラスは大爆笑になります。ちなみに次の作品は、私のクラスでやった「"〇〇"ってどんなの？」
　「テーマ」は、「〇ヌーピー」で大賞をとった作品です。

Q オススメの運動場遊びはなんですか？

鬼ごっこです

　一番のおすすめは「鬼ごっこ」です。
　子どもの運動量を最大限確保できる遊びは「鬼ごっこ」です。

▷ 一生懸命になる

　先生が一生懸命になって遊ぶことが一番です。
　子どもたちは、先生が一生懸命になって隠れているのを見つけるのが大好きです。また、必死になって逃げている姿も大好きです。
　子どもたちに、ただひたすら追われてください。先生の運動不足解消にもなりますし、子どもにとっても運動量の確保になります。
　なにより手軽にクラス全員で遊べる遊びです。

　オススメ鬼ごっこ
　「色おに」「高おに」「氷おに」「手つなぎおに」「ケイドロ」
…このように「鬼ごっこ」といってもたくさんあります。楽しく走り回りましょう！

Q 楽しい放課後遊びを教えてください。

ではまず**集中線**を描きましょう

▷ **即興でできる**

　休み時間や放課後を盛り上げるひと工夫です。
　マンガで使われるような集中線を黒板に描き、その前に子どもを立たせます。すると、その子がマンガの主人公になったようになり盛り上がること！
　線の描き方を変えるだけで様々な場面が演出できます。
　一人ずつでも楽しいですが、みんなでやると面白さが倍増します。子どもたちは、目を輝かせて参加し、教室がおおいに盛り上がること間違いなしです。
　きっと、見ている子どもたちも参加したくなると思います。
　即興で"お話仕立て"にする、集中線の前で記念写真、決めの一言！など様々に発展させて遊んじゃいましょう！

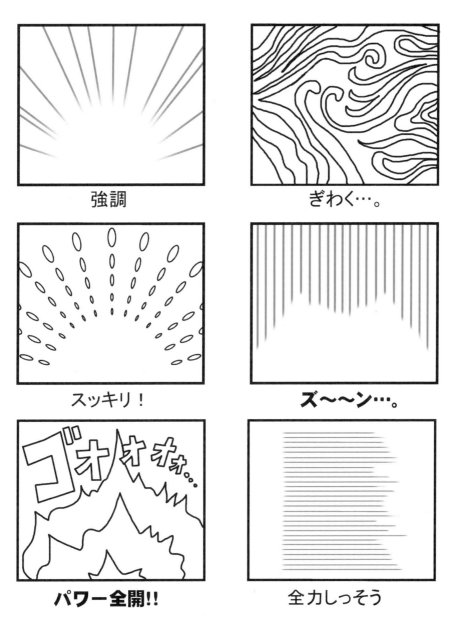

集中線の一例。オリジナルを作っても楽しいですよ。

ITEM&IDEA 46

Q 子どもたちが手を挙げるようになるコツはなんですか？

自己評価させましょう

　前提として大切なのは、挙手したくなるような発問を考えることです。そのことに触れると各教科あって紙面が足りませんから、全体的なことを話しますね。それは、「自己評価」させる、ということです。

▷**発表のマイステージ**

L1：音読
L2：読む・紹介する
L3：意見を言う・話し合いで発言する
L4：討論・付け足し・反対意見・話を変える・話をふる　など
L5：リーダー…板書できる・進行する

　上記のような各ステージを設定し、表を貼ります。例えば「L1（レベル1）：音読」なら、「音読したい人？」で手を挙げられるレベル、ということです。

　そして、自分のネーム磁石を貼りに行かせます。今自分はどのステージなのか。「自分はまだ音読のときに手を挙げるくらいだからL1だなあ。」「自分は反対意見を言えるようになってきたぞ。L4だ！」という具合です。

　もちろんこの取り組みは磁石を貼らせることが目的ではありません。
　自分がどのような"発表者"なのかを可視化し、意識させ、さらにそこから次のステップへ行けるよう明確に目標を持たせることが目的です。

▷ **授業中に表に触れる**

　授業中、挙手場面で教師は敢えて次のように言います。
「では紹介レベルの質問です。」
　この一言を入れてから、実際の発問を言います。子どもたちは自分でネーム磁石を貼っていますから、Ｌ２以上の子は「挙げて当然」という状況になるわけです。軽い強制力が働くわけですね（笑）。また、普通に発問してから「あれ？ちょっと挙手が少ないぞ。」と思ったらその場で「Ｌ２の質問だよ。」という風に声をかけます。そこでＬ２以上のステージで手を挙げていない子は後から挙げたりします。

　この手立ては補助的に行うものです。最初にも述べましたが、「子どもが自然と手を挙げて発言したくなる、自然と隣の子に話を持ちかけてみたくなる」そのような授業展開を日々模索していくことが大切ですね。

今の自分の「発表のレベル」が一目でわかります。

Q "微妙な5分"をどう使えばよいでしょうか？

参観授業5分前の過ごさせ方

▶ **参観授業5分前に何をさせる？**

　研究授業や参観授業の際に、少し早めに子どもたちが席に着いたはいいが、授業が始まるまでの微妙な5分をどのように過ごすか、と考えることはありませんか。そのようなときに使えるネタをご紹介します。

　1．国語辞典クイズ

　まず教師が、辞書の意味を言います。

　「11人ずつの2チームが、おもに足を使ってボールを相手のゴールに入れて、得点を争う競技。」と読み、わかった子から挙手をして、子どもたちは「サッカー」と答えます。このクイズは子どもたちが辞書をより引くようになり、必ず盛り上がる活動です。

　2．『のはらうた』クイズ

　『のはらうた』は、野原の生き物たちが書いた詩が集まってできている工藤直子さんの詩集です。カラスやカブトムシやカマキリが自分の思いを綴ったような詩は、子どもたちに大人気です。その中の詩を読み、「誰が書いたでしょう？」と、生き物を当てさせるクイズです。

　3．難読漢字クイズ

　魚、果物、昆虫、動物の名前など読めそうで読めない漢字を黒板に書き、クイズをします。例えば、鰯（いわし）、無花果（いちじく）、海月（くらげ）など。時々、教師が勝手に作った漢字を混ぜて、子どもたち全員の頭から「？」とハテナが並んだときに、「残念でした、

これは先生の作った漢字です。」「え〜！」という展開も面白くていいですよ。

4．音読

授業で扱う教材を使った音読。

授業で扱う予定にしている教材を、教師と一文交替で読ませたり、一列毎に読ませたり、男女別に読ませたり、様々なバリエーションで読み、その授業へのウォーミングアップとします。

5．子どもの"状態"を見る

4の音読などもそうですが、授業前5分でクラスの子の状態をチェックします。
「音読の段階でつまずくなあ、これはきちんと押さえていかないと…。」「手がたくさん挙がるなあ、今日は調子が良さそうだぞ。」など、子どもたちの"そのとき"の様子をはかるのです。

Q 子どもを学びの当事者にさせる手立てを教えてください。

あらゆることにキャッチコピーをつける

　ありとあらゆることにキャッチコピーをつけさせるということは、その都度、子どもの思考を促すことにつながります。

「今日にキャッチコピーをつけると？」
「この授業のタイトルをつけなさい。」
「今日の給食のキャッチコピーをつけなさい。」
「あなたの今年の夏休みをズバリ一言で言うと？」
「今年の運動会のキャッチコピーは？」
「自分を売り込むキャッチコピーをつけなさい。」
　（例　「ポジティブシンキング俺」）
「自分のクラスにキャッチコピー。」（学年の終わりが有効です。）
「学習した県や地方のキャッチコピーをつける。」

　キャッチコピーは、学習やそのものの様子を端的に表さないといけないので、学習したこと全体に思考を広げる訓練となるのです。

Q 言葉の力をつけるための秘訣はありますか？

"攻めの"大量読書！

　私たちは授業を通して子どもたちに「言葉の力」を育んでいます。そんな中、日常的に取り組ませたいのが「読書」です。

　教室の中で語彙の豊かな子というのは大抵「読書家」の子です。読書を通して新しい言葉に出会わせたり、言葉の言い回しに触れさせたり、文章の流れを実感させたりしましょう。

　読書は家庭環境に大きく左右されます。本を大量に読ませて子どもたちの言葉を増やしていくには図書室で借りさせて、読んでおきなさい、ではあまり意味がありません。

　もっと攻めの読書を仕組んでいく必要があります。

▷ **時間を設定する**

　まず朝、先生が来るまでの時間を「読書」で一本化します。チャイムが鳴ったらとにかく「読書」。これは低学年のうちに習慣化してしまうとより継続します。また大切なのは「読書」のときの教室の"空気設定"です。それは「静まりかえった状態で読書させる」ということです。そのことを最初に示します。子どもたちにわかりやすいため、イメージできるネーミングをして取り組ませるとよいでしょう。例えば「サイレント読書」「静寂の時間」「個室読書」「一人の世界」「おひとり様読書」……いくらでも出てきます（笑）。

　要は"違うよ""特別だよ"という印象を与えて意識を高めるのです。話さないで、静かにただひたすら読書をする時間なんだ、という

ことです。

▷読書の足跡を残させる

　読書はどんどん読んでいくだけでもよいと思います。読み終わった後にこうしなさい、ああしなさいとあまり煩雑な"手続き"を取ると子どもたちが読書の後に待っているその"手続き"の方が気になってしまい、本を読むのが嫌いになるからです。

　そうはいっても何か残したい、そういう場合は次のような活動が考えられます。

①カウントして記録

　冊数をカウントしていくシンプルな方法です。スタンプカードのようなものを持たせて、そこに教師がハンコを押してあげます。またはスタンプ係を決めてその子たちにやってもらうのも手です。

②冊数に合わせて資格認定

　　１か月に○冊読んだ：読書マイスター

などと、冊数に応じた資格を認定してあげます。子どもたちは「資格」が好きです。何か特別な感じがするのです。本書で紹介している「資格認定システム」の要領です。

▷低学年は「読み聞かせ」

　低学年は担任の先生でどんどん読み聞かせをします。子どもたちは本を読んでもらうのが大好きですよね。教師もニコニコ、子どももニコニコの時間になります。本を選んでいる暇があれば手当たり次第読み聞かせていくくらいのイメージです。

▷ 1、2学期を「大量読書期間」に

　さて、このようにして特に1、2学期を「大量読書期間」とします。
　1学期が終わったときに「ああ〜、読ませたなあ、本。」という声が先生の口から出るほどに、です。さらに子どもたちからも「たくさん本読んだ〜。」とか、「先生2学期もまたいっぱい本読んでね。」という声が出たらベストです。

▷ 3学期の子どもたちの「言葉」

　これらの読書の活動はすぐに目に見えて結果が出るわけではありません。しかし確実に様々な本を読んだ子は、様々な「言葉」を飲み干しているのです。それが3学期の子どもたちの発表や、授業の中での言葉遣いに少しずつ反映されてきます。いや、言葉として出てこなくても子どもたちは確実に体内に「言葉」を蓄積させているのです。それが「読みとり」、「書き言葉」につながるのです。

Q 「読み聞かせ」のよい方法を教えてください。

絵本に**自分を注入**する！

▷ **まず教師自身が楽しみ……**

　聞いている子どもの頭に情景が浮かんでくるように読まなければなりません。

　棒読みはだめ。読んでないのと同じです。

　まず教師自身が楽しんでいなければだめです。自分で読んで、ここがおもしろい！ここが盛り上がるぞ！と思って読みましょう。そのためにはまず自分一人で声に出して読んでみます。そして読みながら「うふふ、ここおもしろい！」と独り言をつぶやくのです（怖いですか。笑）。このような、**「絵本に自分を注入する」**という作業をまず最初にするのです。

▷ **子どもの心を確かめながら読む**

　絵本を読みながら、聞いている子の表情を見ます。視線を見ます。そうすることで「集中しているな」とか、「世界に入り込んできたな」と子どもの心を感じることができます。もし子どもたちがどうも集中していないな、ということを感じ始めたら、早いうちに手を打ちます。簡単な「質問」を入れるのです。「はい。今言ったのはだれかな？」「きりんさんが嫌いだったものはなんでしょう？」という具合です。

▷擬態語・擬声語にこだわる

　子どもたちが絵本の世界に入っていけるポイントが、「擬態語・擬声語」の部分です。いわゆる「オノマトペ」と言われる表現ですね。
　私の母はよく読み聞かせをしてくれましたが、オノマトペの部分で「キツネさんがドアをノックしました」と出てきたら、机を実際にこぶしでコンコンと叩いてドアのノックにしていました。今でも覚えているくらいですから、結構実際に音を出すなどの演出を頻繁にしていたのだと思います。私が本好きになったのは母のおかげなのですが、その中でも小さい頃の「読み聞かせ」の影響はとても大きいと実感しています。

　「読み聞かせ」は子どもたちの心を耕す素敵な活動です。よく、毎日体を動かして健康になろうと言いますが、**心も毎日動かさなければならない**のです。その具体的な手立ての一つが「読み聞かせ」なのです。子どもたちの心を毎日のように「読み聞かせ」で刺激してあげる。心の"動き"を作ってあげる。そして読み聞かせを何度もしてもらった子は本好きになります。
　最初は流暢に読めなくてもよいので、教師自身が楽しんで、オノマトペなどのポイントを押さえて、子どもの心を感じながら取り組んでみましょう。

Q プール指導のポイントを教えてください。

3点セットで子どもを動かす

　基本的なこととして、「笛が鳴ったらとにかく静かにする」「走らない」「とび込まない」というような明確なルールを、まずは徹底しましょう。その上で3つのことを意識して進めます。

▷ **言葉を削る**

　プール指導の指揮をするときに大切なこと、それはプールに入る前に始まっています。

　それは、**指示を短くする**ということです。

　教師の言葉、指示をギリギリまで削ぎ落とした指導のシナリオを作りましょう。例えば、

　「はい、静かに並んで。」「並んだら座って。」

と言いますが、それでも長いと思ってください。

　指示は、「プールサイド」「並ぶ」「座る」でいいのです。

▷ **ジェスチャー**

　合わせてジェスチャー。手でプールサイドを指して（並ぶ）、手を上から下へ動かして（座る）。短い指示にジェスチャーをうまく組み合わせて指導しましょう。

　水泳の授業で気をつけないといけないこと、一番怖いことが事故です。命が奪われる可能性がある授業です。

　子どもたちは、先生の指示にすぐに意識がいくようにしておかなければいけません。教師がたくさん喋ってしまうと逆効果です。子どもたちは話を聞かなくなります。ただでさえプールサイドで子どもたち

はテンションが上がり、話を聞きにくい状況になっています。マイクを使って大きな声で長々と指示をしていたら、大切なことがぼやけてしまいます。さらに、教師の方を向かなくても指示は聞こえる、と子どもは思ってしまいます。だから聞けない。聞かない。

　マイクは使うことがあるにしても、はっきりとした届く声で話し、ジェスチャーを入れながら言葉を削れるところはできるだけ削りましょう。

▷笛

　そして「笛」。言葉が多いと子どもたちは集中しません。そうではなく、
「せなか」（「背中は壁につける」と最初に指導した上で）
「けのび」
「よーい」
　ピッ（力強い笛）
これだけです。次の列に交代するときは
　ピッ（次の列が水の中へ、教師は手で"入る"のジェスチャー）
「せなか」
「けのび」
「よーい」
　ピッ（力強い笛）
でいいのです。
　笛の吹き方ですが、「ピッ」でスタート、「ピーッ」で移動、のような「吹き方のルール」を決めておき、子どもたちに浸透させ、吹き分けることが大切です。

「最大限まで削られた言葉」と「教師のジェスチャー」と「笛」
この３点セットを上手に使うことで、水泳の指導は驚くほどスリムになり、なにより危険が減ります。そして、子どもの運動量も増えます。

Q 図工科のミニネタはありますか？

図工ミニ活動を取り入れてみては？

▷①10分間スケッチ

　絵を描く基礎体力をつけるアイデアです。
　国語の授業の最初に音読をしたり、辞書引きをしたりするのと同じ、積み重ね型の取り組みです。
　やり方は、図工の授業の最初に10分スケッチをさせます。ペアになりお互いをスケッチして描き、3回で1枚のスケッチを完成させます。
　子どもたちへの指示は、簡潔に、
「3回でお友だちの顔を描きます。1回は10分です。今日は最初の10分です。鼻から描き始めます。では、どうぞ。」
と言って描かせます。10分たったら、
「はい、そこで終わりです。続きは次の図工の時間に描きましょう。」
と言って終わります。数点を取り上げて、ポイントを絞って評価する時間を取ってもよいでしょう。
　終わったら次の図工の活動に移ります。
　図工は絵画ばかりではなく、工作など内容がたくさんあります。そこで、最初の10分だけでも描く力をつけさせるために、短い活動を継続して行おうというアイデアです。

▷**②オリジナルハンコ（スタンプ）**

　買い物で手に入る魚や肉が入っている白いトレイを使って自分だけのハンコを作ります。

　まず、トレイの平らな底にあたる部分を四角く切り抜きます。それを真四角のタイル状にして、そのタイルに自分の名前などハンコにする文字を鉛筆で穴をあけるようにほっていくのです。完成したら、スタンプ台でインクをつけて押せば、立派な自分だけのハンコになります。自分の図工の絵に押させたり習字作品の自分の名前の下に押させたり…。自分の作品の様々なところに押し、作品により愛着を持たせる演出ができます。

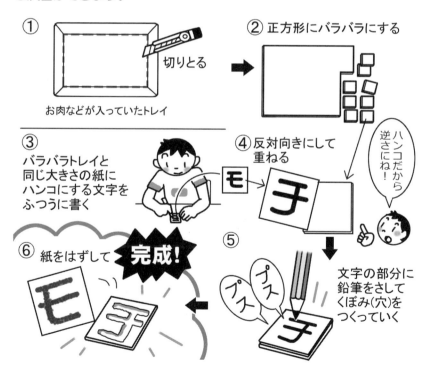

ITEM & IDEA 53

Q 自習させる時の"ちょっとしたアイデア"ありますか？

小さな窓を描こう

　自習の時など先生が教室にいないときに、子どもたちだけで学習する場合などで用いるアイデアです。

　黒板の端に、小さな四角を書きます。そして、
「それでは、先生これから出張に行ってくるけれども、みんなが頑張っているか、この窓から見ているので、みんな賢く勉強していてね。」
と言いながら、その四角の窓に自分の似顔絵を描きます。顔全体でなくても、鼻から上、目の部分が見えるような感じで、小窓から自分が見ている様子を描きます。
「これで先生も安心だ。○○くん、がんばってよ。」
と、やんちゃ君に話をふったりします。

　そして、先生は教室から退場します。後から上手にできたか、子どもたちに聞いてみましょう。

　私の場合は、出張後に子どもたちから聞いた話ですが、
「先生が見てるで。」
と、友だちどうし注意し合う姿があったとのことでした。

　チラチラと黒板の窓に目をやりながら自習をする子どもたちの微笑ましい姿が目に浮かぶようですね。

みんなを見ています。

ITEM & IDEA 54

Q 国語の物語の教材研究で最初にすることはなんですか？

教材文を読み、"話す"

▷ **ステップ①　読み、書く**

　国語の教材研究の方法は様々あると思います。私がまず最初に教材文に対して行っていることは、「何度も読む」ということです。そして、無地のノートに自分の感じたことをどんどん書き出していきます。

▷ **ステップ②　話す**

　「読み、書く作業」により、次第に教材文（物語）が自分の中で醸造されてきました。

　次のステップは「話す」です。この過程でその教材に対する外からの感覚を取り入れます。正確には外からの感覚とセッションしていく感じです。

　2人以上ならできます。相手にも同じ教材を読んでもらい、それぞれ読み取ったことをぶつけ合います。「ここはこう思うけれどどう？」「この意見、賛成？」という風にどんどん話していきます。そしてもちろん「気づき」をステップ①で行った「自分だけの時の気づき」の上にどんどん書き足していきます。

　他人の目を入れると、やはり自分だけで解釈していたときとは違う新しい観点をもらえます。

　これら2つのステップが教材文に相対したときの"初動"、です。その後押さえたい指導事項と照らし合わせる、作品の魅力を考える、授業の展開を考える、など単元を計画していきます。

Q 良い発問を作るためにすることはなんですか？

"おもしろさ"を取り除いてみる

▷ **教材文と一体化する**

良い発問を作る大前提としては、当たり前のことですが、教材文を読み込むことです。何十回も教材文を読みます。

そして、その教材文をネタに話すのです。仲間の先生や学年の先生、勉強会で一緒になる先生、家族でも構いません。どこが面白かったか、どんなことを思ったか、**自分が読み手として徹底的に話をする時間というのは、その教材に対する自分のアンテナを様々な所に立てることになる**ので非常に有効です。これは、**教材文と自分を一体化させる行為**です。そのことが発問作りへの第一段階です。

▷ **「おもしろさ」に注目する**

次に「おもしろさ」に注目する。国語であれば、作品の「おもしろさ」に注目する。そして、そのおもしろさを取り除いてみる。もし、そのおもしろさがなかったらと考えてみるのです。

極端な例ですが、「おおきなかぶ」で最初のおじいさんの段階でかぶが抜けてしまう、などです。このお話は、最後のねずみが引っぱったときに抜けるから、読者にいろいろなことを考えさせるわけです。おもしろさというのは、作品の本質につながる部分です。**まず「おもしろさ」を考え、次におもしろさを取り除くことで作品の本質が見えてきます**。そこを発問として考え、組み立ててみましょう。

▷ **その作品の特徴を探す**

　また、その作品に特徴的な文章の特色、それは表現技法だったり、文の組み立てだったり、そういったものを抽出して子どもたちに実感させる発問を考えてみるなどが考えられます。

▷ **間口をせばめた発問を作る**

　最後に、間口をせばめた発問をしましょう。間口の広い発問をすると、子どもたちが逆に考えることが難しくなるからです。

　極端にいうと「反対」か「賛成」か、この時の様子は「明るい感じ」か「暗い感じ」などです。そこから、それを選んだ根拠を話して深めていくという展開も考えられます。

Q 学びが深まる"ひと工夫"を教えてください。

"参加型"学習通信

　学習通信とは、子どもの日記、ノート、話し合いの様子、先生が伝えたいことや、学習の補足、メッセージを入れて子どもたちに発行するものです。

　私は、国語の授業をするにあたって子どもたちに時々、国語の学習通信を発行しています。

　いくつかの子どものノート作品を集約し通信に載せることは、とても意味のあることですし、教師がその通信を読んであげるだけでも、クラスの子どもたち全員の取り組みの底上げになります。

　そして、そこにひと工夫することでさらに学びが深まる方法があります。

　それは、**学習通信の一部分に読み手の感想などを入れる空欄を作っておく**のです。子どもの日記の間に感想を書ける欄を設けておき、子どもたちに通信を黙読させた後、その空欄に思ったこと感じたこと学んだことを記入させていくのです。それにより、ただ読んで終わりという行為から、自分の学びや気づいたことを、その欄に記入するという行為に発展します。そこで子どもたちはより頭を働かせることになります。つまり、**通信を配ることがより子どもたちの思考を促すことにつながる**のです。言い換えれば、より強い当事者意識を持たせるということになります。

　ほんの少しの余白が、読み手である子どもに思考を促す大きなひと工夫となるのです。

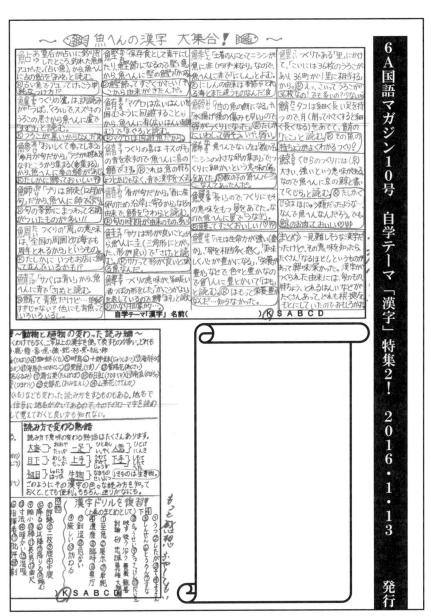

学習通信の一部。余白を作ることで読み手から"当事者"に変わります。

Q 板書上達法を教えてください。

毎日「詩」を一編書く

▷ **詩を書く**

　これは、私も教えてもらったやり方ですが、毎日、**退勤する前に自分の教室の黒板に詩を一編書いて帰る**ことです。

　毎日のように黒板に詩を書くことで、板書する字も上手になりますし、詩を上手に黒板に入れ込んで書かないといけないので板書する力は飛躍的に向上します。

　毎日毎日詩を黒板に書くことを続けるのです。

　さらに、これのよい所は毎朝、子どもが教室に来たときに、新しい詩と出会えることです。それは、良い言葉との出会いでもあります。

　板書の腕も上達する、そして子どもたちが言葉と毎日出会うという一石二鳥のやり方なのです。

▷ **黒板を使って教材研究をする**

　黒板に、自分の教材研究の成果をマインドマップのようにまとめていきます。教材研究したことを図解して、一覧表にして書いてみる。そして、その黒板をデジカメで撮影して記録しておきます。

　一枚の黒板の中に自分が教材研究したことをまとめようと思うと、やはり整理して書かないといけません。自分の思考も働きます。「黒板を使って何か考えたり、何かをしたりする」という作業を授業以外のところでできるわけです。教師は授業する時だけ黒板を使うのでは

なく、**自分の思考のツールとして日頃から黒板を使っている**と子どもたちに黒板を使って説明するときも、より整然と説明することができるというわけです。

Q "アイデア"の取り扱い方を教えてください。

記録する「習慣」を身につける

▷ **アイデアが浮かぶ場所**

アイデアは脳がリラックスしていると浮かんでくるものです。

おすすめの場所としては、お風呂に入っている時、散歩中、適度にすいている電車の中です。

▷ **アイデアを残す方法**

アイデアが浮かべば、この本で紹介している『○○メモ』（項目04参照）に必ずメモします。

しかし、メモがない時は携帯のメール機能を使うことができます。メールのタイトルを「○月ネタ」として、どんどん打ち込み保存するのです。その月が終われば自分のパソコンのアドレスにそのまま送信します。送信されたメールを印刷すれば、紙のネタ帳のでき上がりです。

▷ **大切にしたいこと**

浮かんできたアイデアはすぐに忘れてしまいます。ちょっとでも残す工夫をすることが大切です。

アイデアが浮かんだら、何よりも先にメモする、メールに打つなど記録にこだわりましょう。

大切なのは、**アイデアが浮かんだら記録する習慣を身につけておく**

ことです。アイデアをすぐに記録しておける生活スタイルを確立する、これがアイデアを生む体質を作り出すことになり、アイデアを生む人生の歩き方となるのです。

Q ノート指導や日記指導が続きません。

コメントの比重を調整する

　日記指導が続かない大きな要因は教師の"やり方"によるところが大きいのです。
　結論から言うと、「ノートを全て同じ比重で見ない」ことです。

　ハンコだけ。
　サインだけ。
　一言コメントだけ。
　じっくりとコメントを書く。

　これらを使い分けていきます。
　確認するだけの「ハンコ」。
　メッセージをしっかりと伝える文章でのコメント。
　私は、毎日書くようなもののときは「一言コメント」や「森川ハンコ」。
　国語のノートに感想やまとめの文章を書かせたときは「じっくりコメント」と使い分けています。
　大切なのは、「教師が続くこと」なのです。
　教師が無理なく続けば、子どもに継続して続けさせることができます。

Q 学級通信が長続きする秘訣はありますか？

授業記録を学級通信にする

　通信の目的が「伝える」だけではなかなか発行は長続きしません。長続きするのは「伝えるも"兼ねた"」というスタイルです。

　ではどうするか。それは、「授業記録」をこまめに取る習慣をまず身につけます。スキマ時間に短くてもいいから授業記録を書いておく。そしてそれをそのまま通信にして出します。保護者の方にもリアルな子どもたちの様子がわかるので喜ばれます。

　次に「笑顔になる子どものエピソード」を常にメモしてためておき、それを掲載する。給食配膳中にこんなことがあった。帰りの会でこのような素敵なエピソードがあった。○○君が気持ちよくこのような手伝いをしてくれた。そのようなことをメモしておいて、「最近のエピソード集ご紹介！」としてババーっと載せます。「日頃から書き続けている」ということがコツですね。

　つまり、学級通信を書くから書き出すのではなく、**書いている過程で学級通信になった、という感じが長続きするベスト**だと思います。

　また、「出し続ける」「とにかく継続したい」ということならば、「サイズを小さくする（Ｂ５サイズなど）」ということが有効です。毎回Ｂ４で発行するのではなく、Ｂ５にして何度も発行する。もちろん数を多く出すことが目的ではありませんが、物理的に紙面が減り、ちょっとした伝えたいことがあってもすぐに出すことができる「瞬発力」というメリットが生まれます。

Q "爆笑"な教室掲示を教えてください。

肖像画ですよ、それは。

音楽室の壁をイメージしてください。そこには必ずといっていいほど有名な音楽家の肖像画が並んでいますね。

さて、普通教室にも肖像画、あってもいいんじゃないですか。

▷ **学習教材として**

道徳や社会の時間で偉人や歴史上の人物を学習したら、その人物の肖像画を教室に貼っていきます。歴史の授業で学習した人物の肖像画がどんどん教室の壁に貼られていくと、なかなか見応えがあり、それまでした学習を想起することもできます。

また、肖像画は過去に生きた人物を貼るばかりではありません。例えば、地域学習でインタビューした商店街の会長さんの肖像写真、社会見学で訪れた先の方に許可を取り肖像画として掲示させてもらうなど、様々な人物の絵や写真を教室の壁に貼っていくのです。

▷ **ユーモアで爆笑**

そして、もちろんその中には**こっそり忍ばせておきましょう、担任の先生であるあなたの写真を**。次の日、発見した子どもたちが驚き、そして、それはクラスの笑いに変わるはずです。

これらの肖像画を貼るということは、それまで学習したことを目で見てすぐに想起できるような「エピソード記憶」として残していく、という意味にもなるのです。

肖像画を徹底して貼っていくというのも面白いかもしれませんよ。

ITEM&IDEA 62

Q 懇談会が始まる前の良い"仕込み"を教えてください。

教室までの道案内？！
"こんなこと考えていました"

▷「こんなこと考えていました（ツイッター）」
　〜教室に着く頃には、保護者の方もニコニコ〜

　書き慣れ指導にもなり、懇談会のネタになる取り組みです。
　まず、子どもたちに体育祭やマラソン大会などの行事が終わった後、そのとき自分が何を考えていたのか、短冊に書かせます。
　例えば、組体操で土台の1番下をやっていた子は、
「ひたすらがんばるぞ！」
「重たいな、は、早く完成して！」
マラソン大会だったら、走りながら、
「犬に会いたくない、犬に会いたくない。」
「漏れる、漏れる、漏れる。」
と考えていたことが、そのつぶやきの中に出てきます。短冊も、組体操ならそのポーズに、マラソン大会なら走っているポーズに切り抜いた形にします。
　さて、次のステップです。つぶやきが書かれた短冊を、校舎の入口から教室の入口まで張り巡らせます。学年で相談して全クラスで取り組めば、つぶやきが書かれた人形が1階から教室まで貼られることになり、その姿は壮観です。
　そして参観日、きっと保護者の方は、たくさんの素敵なつぶやきに足を止めて一つひとつ見ながら教室へ来られるでしょう。そして、教

室に入って来られた時には、表情はニコニコになっている！というわけです。
　参観が始まる前から笑顔になっている。そのニコニコ顔で参加してもらえば、多少授業がうまくいかなくても、厳しい視線を感じることもありません（笑）。

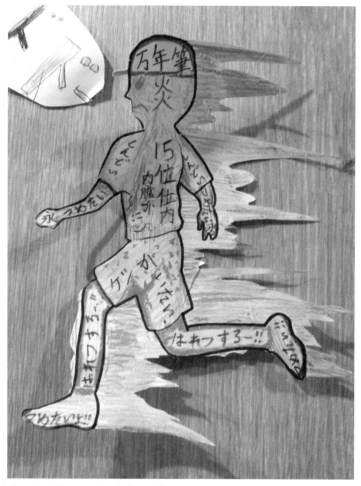

"こんなこと考えていました"実例。このように、たくさん書く子もいます。

Q 懇談会を笑顔で始めるには、どうしたらいいですか？

作文「わが子をよろしく！」を読む

▶ **作文「わが子をよろしく！」**

　子どもたちに、"保護者になりきって"書かせるという作文レシピです。

　保護者になりきって、
・勉強のことについて
・生活、遊びのことについて
・家に帰ってからの様子について
・自分の癖や好きなこと、秘密のことについて
といった観点で書かせます。きっと子どもたちからは、
「うちの子は真面目にやっているでしょうか？」
「授業中、手を挙げているでしょうか？」
「家では宿題をしろと言っても、なかなか宿題をしません…。」
「休み時間はたくさんの友達と遊んでいますか？」
といったことが出てくることでしょう。また、
「ウチの子、実は家ではものすごく本を読むんです。私が『晩御飯よ』と言ってもなかなか食べに来ないくらい本を読むのが好きなんです。」
というように、**担任が知らなかった意外な一面をそこから知ることもできる**かもしれません。

　これらの作文を教師が紹介することで、笑いが起き、教室の空気も一気に柔らかいものになり、話しやすい懇談会となります。

準備として、あらかじめ机の上に、その子の書いた作文を置き、保護者の方が席に着いたら読んでもらえるようにすることもできます。

ITEM&IDEA 64

Q 懇談会が盛り上がるアイデアを教えてください。

ミニミニスライドショー

▷ミニミニスライドショーとは

電子黒板とパソコンを使ってできる、写真スライドショーです。

例えば、2学期終わりの懇談会ならば、2学期にあった行事をデジカメに撮りためておきます。その写真データをパソコンに保存しておくだけです。データは、フォルダにまとめておくと便利です。

懇談会が始まると、パソコンを電子黒板につなぎ準備完了。後は、スライドショー機能で順番に写真を掲示していきます。

その子どもたちの写真に少しコメントを入れながら紹介していけば、保護者の方はニコニコ顔で話を聞いてくれますし、かたい緊張した空気というものはなくなります。

準備が簡単で、盛り上がるアイデアです。

懇談会の最初に「ミニミニスライドショー」を行ってみてはいかがですか？

▷成功させるポイント

ここで1つ気をつけたいことは、スライドショーに使う時の写真に、「1度もわが子が出てこなかった」ということにならないようにしましょう。事前に、全員分の写真があるのを確認しましょう。また、クラスの集合写真を数枚入れておくことで、必ず全員が写っているという状態を"ホケンとして"作り出すこともできます。

▷ **凝りすぎない**

　行う時はあまり凝りすぎないことです。

　写真を選んでフォルダに入れておくだけ。後は、パッ、パッと、見せながら、コメントしていくだけです。

　あまり凝ると、準備に時間がかかり、授業準備が減ってしまいます。それでは、本末転倒ですよね。手軽にできることが大切です。

ITEM & IDEA 65

Q 授業ネタ、たくさん集めるにはどうしたらいいでしょうか？

教師の"伝家の宝刀"使ってますか？

電車に乗っていたときの事。何かネタはないかと探していた私は、車内の吊り広告に目をとめました。

それは、アルピニスト野口健さんの吊り広告でした。ちょうどそのとき、環境の学習で野口さんの「富士山の清掃登山」の話をしており、いかにゴミが多いかという話題になっていたのです。そこで見つけたのが、その吊り広告。

私は、その吊り広告をなんとか手に入れたいと思い、改札で駅員さんに、

「野口健さんの吊り広告をもらえないでしょうか。」

と話を切り出しました。しかし、

「ちょっとお渡しすることはできません。」

と断られました。

そこで、きました！"**伝家の宝刀**"。

「**実は、私は教師なんです。子どもたちのために、なんとかならないでしょうか？**」

すると、

「ちょっと待ってください。」

と駅員さん、部屋の奥へ消えて行かれました。お、なんとかなるかもしれない（笑）。戻って来られると、

「わかりました、そういうことなら、特例としてその広告を扱っている事務所の場所をお伝えしますから、そこで話してみて下さい。」

と言われました。私はそのビルに行き、野口さんの広告を見事ゲットしたのです。

　教師の伝家の宝刀、それは「教師なんです」「子どものために」この２つです。もし、あなたが教材化したいものがあり、手に入れたいものがあるときは、この伝家の宝刀を使ってみてください。
　そうすれば、大概のものは手に入ります（笑）。

Q 教師の忘れ物対策はありますか？

子どもは頼りになるサポートメンバー！

忙しい毎日の中で、子どもへの伝達や配布物を忘れてしまうことってありますよね。それを解決するとても簡単な方法があります。
それは、「先生サポートメンバー」を作ることです。

▷ **先生サポートメンバー**

子どもに連絡しなければならないことが出てきた時や、自分がメモしたことを伝えないといけないとき、先生のお助けマン的な係「先生スペシャルサポートメンバー」を作って、そのサポートメンバーに連絡事項が発生したときにすぐに伝えます。
「このことを終わりの会で伝えないといけないけど、**先生忘れるから君たち覚えておいて！**」
と2，3人くらいに伝えましょう。
子どもは絶対に覚えていてくれます。そして、
「先生、言わないといけないですよ。」
と教えてくれます。これで何度救われたことか…（笑）。
サポートメンバーに伝えることで、教師自身もより意識するので逆に覚えているという、素晴らしい効果もあります。

▷ **子どもも嬉しい**

覚えてもらう以外にも、教師が困った時には助けてもらいましょう。

教師も、子どもたちに支えてもらえばいいのです。子どもたちは先生に頼りにされることを嬉しく思っています。喜んでやってくれるでしょう。先生と子どもたちに信頼関係が生まれ、つながります。
　サポートメンバーは、先生にとっても子どもたちにとっても、すばらしい係なのです。

Q 仕事の効率が上がる方法を教えてください。

コピー機の集約機能使ってますか？

▷ **コピー機の集約機能**

　勤務校のコピー機と友だちになると、それだけで仕事の大きな効率化になります。

　例えば、子どもたちの作文や作品をコピーして学級通信にしたいとき、コピー機の「集約モード」を使えば、2枚1組や、4枚1組や、8枚1組といったモードを選び、コピー機にかけるだけで一瞬にして集約された原稿ができ上がります。簡単なことですが、意外に使っていない人も多いようです。

　コピー機の機能はたくさんありますが、このような機能を最低限使いこなすだけでも、仕事の効率は大きく変わってきます。

▷ **コピー機を上手に使う工夫**

①**名前を書かせる**

　子どもたちにノートに感想や作文を書かせるときは、すべてにおいて名前を書かせます。コピーした後、だれの文章だったのかわからないといったことをなくすための小さな工夫です。

②**用紙のサイズ設定**

　白紙に何か書かせた場合など子どもたちはノートの端まで書くことが多いため、コピーした後で端の文字が切れていたりすることがあります。

そこで、コピーをする際にあらかじめ原稿サイズを原稿より大きめに設定し、その内側に原稿をセットすることで、子どもたちの文字が一つも切れることなく、完全な記録として残すことができます。
　例えば、Ｂ４の用紙に書かれた感想文をコピーするときには、コピー機の原稿のサイズをＡ３に設定し、その用紙をＡ３の中心になるようセットして、コピーするのです。

Q 授業記録や、宿題の丸つけの時間で困っています。

宝石の時間を使いましょう

▷ **宝石の時間**

　宝石の時間それは、**子どもを下校させた後の30分間**です。

　その宝石の30分をいかに使うかで仕事が大きく変わってきます。

　子どもを下校させ、自分はそのまま教室に残って、授業記録を書いたり、提出物や宿題のチェックをします。30分間と決めていれば集中力も出ます。そのため、その時間で済ませたいことがほぼできます。ある程度仕事が済んだ状態で職員室に戻ると余裕もできます。

　このやり方を、自分の生活のワク組みの中に取り入れ、習慣となるように繰り返せば、効率よく提出物を見たり、丸つけをしたりすることができるようになります。

Q 通勤時間の有効な使い方を教えてください。

やはり読書です

　私は車で通勤するときには、赤信号で止まったら本を読んでいます（笑）。助手席の手の届くところに読みやすいビジネス書などを置いておき、赤信号になる度にその本をとって読みます。そうすると、何もしなかったときにイライラしていた赤信号が、本を読むことによって、

「もうちょっと赤のままでいてくれたらいいのに。」（笑）
と思うくらい、本を読む時間によってイライラすることもなくなりました。

　ただし、くれぐれも事故にならないようにして下さい。声を大きくして言えることではないのかもしれませんね。

　電車通勤も長く経験しました。そのときは、疲れているときはぐっすり寝る。これは大事なことです。

　元気があるときは、やはり読書をしていました。

　読書では、本とペンをセットにして読書していました。読むときに線を引いたり、立っているときに線は引けないので、線を引きたいページを折ったりしました。

　折り方も重要度にあわせて変えていました。

　読書以外では、ポメラを使えば帰りの電車の中などで座ることができればカタカタと何かを"打つ"時間に使えます。

Q 出張が多くて困っています。

スキマ時間を有効利用

　小さい学校では、校務分掌が重なって何度も何度も学校外に出張に出ないといけないことがあります。私もそうでした。

　そんなとき、もちろん出張先の業務をこなすことが第一なのですが、出張先での開始までの少しの時間や、休憩などのちょっとしたスキマ時間を有効に使うことで出張先でも仕事こなすことができます。

▷その日の授業記録をとる

　例えば、出張先でその日の授業記録をとる。出張場所は公の場所なので怠けることがありません。日頃何もなければ書かないような、何気ないクラスの記録、子どもの様子を記録することができます。

▷読書ができます。

　通勤鞄には"読みかけの本"が入っているのがベストです。教育書であっても、小説であってもいいのです。少しの学びの時間を確保するということができます。

　また、これはあまり大きな声では言えないのですが、出張先の研修等が相当に残念な場合。いっそのこと頭を切り替えて、その時間は書類や原稿の作成に専念するということもできます。ただ、その時でも片耳だけは講演を聞き拾えるようになれば出張の上級者です。

　つまり少しでも元がとれる過ごし方をしようということです。今だから言えることですが、私もこのような時間を使って随分と多くの仕

事をこなすことができました。

　出張が多くて困るという発想から、**多い出張のおかげで半ば強制的な仕事場を得たという風にとらえる発想の転換**も、ときには有効な手立てです。

　そのとき、『筆記具』（項目26参照）で紹介している「ポメラ」が必須アイテムなのは言うまでもありません。

ITEM&IDEA 71

Q 年上の先生との付き合い方を教えてください。

まずはきちんと尊重する

▶ **まずは飛び込んでみる**

　自分が色々とやってみたいことがあるときに、主任の先生やベテランの先生が気になってしまうことがあります。

　そのようなときは、自分から相手の懐に飛び込んでいくことが大切です。まずは、自分のやりたいこと、試してみたい実践について聞くのです。

「こんなことをやってみたいと思っています。見てもらえますか。」

使ってみたいプリントがあれば、事前に必ず渡しましょう。そして、積極的に先輩先生を頼りましょう。

「こんなこと悩んでいるのですが、どうすればいいですか。」

「〜がわかりません。」

「〜で困っています。助けてください。」

「先生、こんな経験されていませんか。」

　どんどん聞いていくことが大切です。

　頼られて嫌な人はいません。ですから、「とにかくまず頼ってみる」ということは時に必要です。

　また、やはりベテランの先生というのは経験を積んでおられます。話を聞いて参考になることも多いです。

　自分から飛び込むことで、**話しかけられやすい自分をつくり**、どんどん教えてもらいましょう。

▷ **どうしても合わない**

　取り上げるべきではないのかもしれませんが、マイナスなケース、どうしても合わないこともあります。人間ですから、「合う」「合わない」は出てきます。

　そんなときでも、自分のやりたい事はキチンと相手に伝えましょう。そして、クラスで自分ができることを精一杯すればいいと思います。もし、止められたり咎められたりしたら、素直に謝り、でもそこで止めずに（笑）。自分が信念を持って貫き通したいことであれば続けることが大切ではないでしょうか。

▷ **"ニコッとポイント"を探す?!**

　その先輩、ベテランの先生がどのようなことでニコッとするかということを早いうちに見極めていくことも大事です。

　例えば、逐一報告してもらいたいという人もいます。逆に報告は少ない方がよいと思う人もいます。新しいことに挑戦するのが好きな人、そうでない人もいます。その人の特徴をよく捉えて接します。

　もし報告してもらいたい人なら、本当に些細なことでも報告すればきっとニコッとしてくれます。

　そうでない人なら、「私がやっておきました、大丈夫です。」と言うことでニコッとしてくれるでしょう。

　このように、先輩の"ニコッとポイント"を見極めて付き合っていくことも大きな教師修行です。将来の自分にも大きな経験になっていくでしょう。

　まずは、相手をきちんと尊重する。それでも、どうしても合わないときは近づかないようにします。自分が潰れない、潰されないことも大切ですから。

Q 年下の先生に上手にアドバイスする方法を教えてください。

共感とエピソードで語る

▷ 話は共感で始める

　特にアドバイスするときに大事なことは、まずは相手に共感して"聞いてもらえる土台"を作ることです。

　講演するときや、誰かに話をするときや悩みを聞くときも同じなのですが、**共感で始めるということは相手の心の中に入っていきやすい方法**なのです。例えば、
「こういう事あるよね。」
「私もこんなことがあってね。」
「子どもって、なかなか話を聞いてくれないよね。」
「今、こんなことで迷っているのだけれど…。」
といった共感から始めます。

▷ エピソードで語る

　共感の次のステップは、エピソードで話すことです。
「こうすれば、うまくいくよ。」よりも、「こんなエピソードを持っている。」とエピソードを紹介することです。エピソードがないというときは、
「以前読んだ本にこんなことが載っていたよ。」
という風にエピソードを紹介してみましょう。
"こうしてみたまえ"的に直接的に伝えるのも一つの方法ですが、「共

感で話す」「エピソードで話す」というのは、相手との距離を縮めるとても有効な手段です。

　相手を納得させるためには「共感で話す」「エピソードで話す」そして、「一緒に共感する」これをくり返すことが大切なのです。

▷反対意見を伝える時

　一方で、年下の先生の行為や意見に対して指導や反対することもあると思います。**「子どものためにならない」と思われることはしっかりと「ダメ」と伝える**ことも大切です。その場合でも、
「子どもにこういうことが起こりうるから、止めた方がいいと思う。」
といった伝え方にしましょう。

　大事なことは、**「子ども」を基準に話すこと**です。

　「子どもにとって」という、先生なら誰もが納得するスタンスが大切です。

Q 職場の人間関係がしんどくて…。

"一言多い人"に立ち止まらない

　まず、これは多くの先生方が抱えている悩みだと知ってください。

　この場合、「一言多い人の一言」がストレスを生み、それが積み重なって勤務校へ向かう足取りが重くなる…というパターンです。

　「一言多い人」いますよねぇ。正直うんざりします。その一言、結構自分の中に残っているもので、私など車を運転しながらの帰り道そのことばかり考えてしまってストレスがたまったものです。

　しかし、その一言はどこから来ているのか。それは理由なんてないのです。ひがみや嫉妬、妬みから来ているのです。

　そこに「愛」があれば伝わるはず。

　"理由のない一言"に惑わされる必要はありません。

　その時は**「可哀想な人だなあ」と思うようにしましょう。**

　心が満たされている人は「理由のない一言」は言いません。満たされている人は心に余裕のある人だからです。余裕のない人、自分の生き方に満足していない人が"いらぬ一言"を言うのです。

　仕事場を出たらできるだけ自分の考えたいことだけを考えるようにしましょう。

　こんなことを授業してみたいなあ。

　ここへ旅行に行きたいなあ。

　あのレストランに食べに行こう。

　この映画を観よう。

　など、自分の考えたいこと、わくわくすることを考えるようにしま

しょう。おっと、話がそれそうですね（笑）。
　さて、人間関係の話に戻します。

　あなたが担任の先生ならあなたには「教室」という場所があります。
　教師は一度教室に上がってしまえばそこは「自分の国」です。「学級王国」という言葉がありますが、それを良い意味で利用するのです。
　そこに嫌な人間関係はありません。嫌な"目"もありません。
　人間関係に気を取られることなく、精一杯「子どもへの教育」に力を注ぐのです。
　第一、**子どもたちにとって価値のある教師になるために邁進することの前には、「人間関係」の問題など些細なことです。**
　お互い余計なことに気を取られず、"対子どもたちの方向"に没頭しましょう。

Q 足を引っ張られます。

オメデトウ！

　まずは、おめでとうございます。
　私は以前、ある先生から
「森川先生は、本を書かれたり講演をされたり、いろいろ活躍されていますが、人から嫉妬されたり、足を引っ張られることはありませんか？」
と質問を受けたことがあります。そのときに次のように答えました。

▷ **頑張っている証拠**

　「足を引っ張られる人というのは、その人が"とるに足らない存在"ではないということ。足を引っ張ろうとする人は、相手のことが気になって仕方がないのです。つまり、それはその人が成長したということです。『足を引っ張られているな』と思ったら、『お、自分も頑張っているのだな』と思えばいいのです。オメデトウ！」
　人生は２通りの生き方しかありません。
　１つは、嫉妬で人を非難して足を引っ張る側の生き方。
　１つは、人から嫉妬され足を引っ張られる側の生き方。
どちらを選ぶかは自由ですが、私は全力で仕事に取り組む以上、後者を選びたいと思っています。

▷ **ますます頑張る**

　足を引っ張られたときは、ますます頑張って足を引っ張られない高

みまで登ることです。ある程度まで高みに登ると、足を引っ張ってくる人のことが小さく思えて許せる心が生まれてきます。

　足を引っ張られてイライラしたり、不安に思ったりすることもあるでしょう。しかし、それはあなたの成長の裏返しだと自分を納得させ、
「イライラしているようでは、まだまだ足を引っ張る側と、引っ張られる側の間にいるのだ。」
と思って、足を引っ張られようもない所まで歩みを進めてはいかがでしょうか。

　誰しも頑張って抜きん出てくるようになると、理由のない攻撃を受けたり、非難嫉妬の的になるものです。そこで歩みを止めるのではなく、それを肥やしにして、ますます自分を高めていくことに躊躇せず進んでいけばいいのです。

ITEM & IDEA 75

Q 大勢の前で話す時のコツを教えてください。

4つの手立てを意識しましょう

▷ポイント1「待つ」

　話を聞いていない散漫な空気があるときは、絶対に話し出さないということが大切です。

　「話せるようになっていません。」や「話せる空気になったら話します。」ということを伝えて静かになるのを待ちます。目線を合わせるということも伝えます。

▷ポイント2「落ち着いた声で話す」

　大きな声を出して届かせようとするのではなく、落ち着いた声で語ります。声の大きさは、全員の子どもに丁度届くくらいの大きさがよいでしょう。かといって静かすぎる声も聴力の弱い子には届きませんから、"ハリ"のある声で話すことも大切です。

▷ポイント3「短く話す」

　語るときは、指示が多い場合は長文にせず、短いセンテンスで話します。特にそれが必要とされるのが、野外活動や遠足など、学校外で子どもたちに話すときです。

　「6時に集合します。」「集合のときの持ち物は軍手とビニール袋です。」「集合したら班ごとに座って待ちます。」というようにセンテンスを短く、文を切って伝えます。

▷**ポイント４「確認する」**

　最後に確認を入れます。
　「集合する時間は何時ですか？」と言ってランダムに子どもに当て「６時です。」と答えさせたり、「理解した人は手を挙げます。」と言って挙手をさせたり、最後に必ず確認します。
　常に子どもの意識が話している人物に向くような、手立てを短く入れながら話すことが大切です。

Q どうしたら話がうまくなりますか？

1つずつ 話しのポイント を強化していく

　この質問にじっくり答えると1冊分使ってしまいそうなので（笑）ここでは、いくつかのポイントを紹介したいと思います。

▷ **ポイント1　キャッチフレーズで話す**

　伝えたいことを一言でまとめながら話す習慣をつけます。話の上手な人は、自分の話の所々にこれまでの話をまとめた"キャッチフレーズ"を入れこみ、聞いている人が理解しやすい、メモしやすいような言葉を紡いでいます。上手な人の話というのは、スッと頭に入ってきます。それは、聞き手が聞いたことをまとめるためにする「話の変換作業」をする必要がないからです。ダイレクトに理解まで届くのです。そのためには、**話している内容を所々でキャッチフレーズにして短いセンテンスでまとめながら話す**ことが有効なのです。

▷ **ポイント2　短いセンテンスで話す**

　伝達やお知らせなどの話は文を短くして話しましょう。話しの苦手な人は文が長い人が多く、話しの上手な人は文が短い人が多いものです。

▷ **ポイント3　描写を使って話す**

　子どもが集中して聞く話には特徴があります。それは描写力が優れている話です。教師のエピソードを語って聞かせるときは、描写力がものを言います。

例えば、先生がラーメンを食べた話でも、ラーメンの湯気や、器が置かれたカウンターの様子、お店の雰囲気などを合わせて話すことで子どもたちは、その場にいる雰囲気になり、話にどんどん前のめりになっていきます。**一見必要ないように思える描写を付随させて話すことで、より話の中の世界がリアルにイメージできるので子どもたちが熱中するのです。**

▷ポイント4　クラスの子の話題を取り上げて話す

教師の話の中に**クラスの友だちの名前が出てくるとき、子どもたちは熱中して話を聞きます。**放課後に遊んだときのエピソードや、たまたま町の中で子どもに出会ったときの話、そして休み時間の話など、子どもたちとの少し笑えるようなお話を日頃から集めておき、描写豊かに語るのです。そうすると子どもたちは当事者意識を持って聞くことができますし、あえて名前を伏せて話せば、「誰のことだろう？」と興味津々で聞こうとします。名前をイニシャルで語ったり、「○野くん」のように少し隠して、わざとわかるようなユーモアを交えた話し方をすれば、子どもたちからも笑いが起き、温かい学級づくりにつながります。

▷ポイント5　教師自身が「最高の聞き手」になる

最後に、話が上手になるには教師自身が常に最高の聞き手である、ということが大切です。テレビから聞こえてくる説明や、工場見学や博物館の方からの説明など様々な人からの話を、**「子どもに話すなら」という意識を持って変換しながら聞き取る。**この作業が子どもにとってわかりやすい話をする自分を育てるちょっとした教師修行となるのです。

ITEM&IDEA 77

Q 「話せる教師」になる秘訣はなんですか？

「聞ける教師」になる

　教師に話術は必要ですし、上手に話せるに越したことはありません。しかしまずは「聞ける教師」になることが大事です。
　話してばかりの先生がいます。
　先生はとにかく話すことが大好きなのです。
　しかし、です。効果的に話すことができなければ意味がありません。

　話してばかりの人は大きく損をしています。それは、自分が話すあまり、相手からの情報をもらえないからです。しゃべりまくっている人はこちらが何か話そうとしてもお構いなしです。そうすると、もうこちらから話そうと思っていたことも「まあ、いいか」となってしまうのです。話してもらえなくなるのです。
　その点、話の上手な人は聞くこともとても上手です。あんなに話すのに、ここでは黙っているんだ、と驚かされます。「ここは話す」「ここは聞く」の切り替えが抜群に上手いのです。
　話す相手が「話し上手な人（子や先生）」ならまずは自分は話を控えめにして相手に話させます。逆の場合は自分が主導権を握ります。
　ここに「考える話し手・聞き手」かそうでないかが現れるのです。
　話せる相手にはしばらく話をしてもらって、こちらはとにかく聞きます。そして情報を得た上でこちらが話します。相手の話を遮って話してしまうと、相手はこちらが話すことをその後話そうとしていたか

もしれません。ですから、まずは一区切りつくまで相手に話してもらい、話の全体像を掴むのです。

また、話し好きの人は話すことで気分がすっきりします。それを途中で遮ってしまうと良い関係も構築できません。

上質な話し手はお互いの間にある感情のコントロールも同時にしているのです。

「聞ける」ということは、「気配りができる」ということに他なりません。

まずは「聞ける」先生を目指しましょう。

Q 自分自身の「書く力」を上げたいのですが。

常に「文章思考」で生きる

▷ **文章思考**

意欲あふれる悩みですね。教師自身、学級通信を書くこともありますし、レポートや研修の報告なども書かなければなりません。「書く力」を上げる意識は大切ですね。

さて、この話は短くできる話ではないですが、日常において継続してできることがあります。それは、**常に「文章思考」を働かせる**ということです。

授業が終わって、子どもたち今日はよく発言したなあ、と思ったらそれを「書き言葉」に置き換えてふり返ってみる。具体的に言うならば「学級通信」に載せるイメージでふり返るのです。

「今日の国語は子どもたちの発言が特に多かった。発言内容は全体的に3つの傾向があった。1つは主人公○○に対して疑問、2つ目は情景描写について、3つ目は〜」という具合です。

文章にまとめるなら、という思考でふり返るのです。

▷ **やはり「書く」こと**

さらによいのはそのまま「書く時間」を持つこと。別項でも書いていますが「授業記録」を書きます。

やはり「書くこと」の力は「書くこと」で一番上達します。常にスキマ時間を使って「書く」という習慣を身につけましょう。

ITEM&IDEA 79

Q 私には子どもをひきつける"特技"が
ありません。

いえいえ、先生七面相がありますよ

　子どもは、驚くほど教師の顔を見ています。物言わぬ場面であっても、その表情が子どもに与えるイメージや影響は計り知れません。

　例えば、やんちゃ君が、何か学習場面に合わないことをしている時に、隣のよく気の利く子たちが、それを発見し、教師の方を見ます。その時の教師の顔が重要なのです。そのやんちゃ君の方を向き、口をあんぐりと空けて凝視する。それを見た周りの子たちはクスクスと笑います。このようなシーンが実は教室にはたくさん存在します。そこで目くじらを立てて、そのやんちゃ君に注意するのか、先のような表情をしたり、しかめっ面をしたりしながらこっそりと歩み寄る素振りをするかで、クラスの雰囲気は大きく変ってきます。そのクラスの雰囲気を変える大きな要素はやはり担任の先生である教師です。**もの言わぬ表情も、クラスの雰囲気を左右します。**次のような表情を駆使し、クラスの雰囲気を明るくしてください。

〜表情の免許皆伝〜

初級編

① 口をあんぐり空け、固まる

② 薄目をし、凝視する

③ ほっぺたを膨らまし、ふくれる

④ 目を丸くして、驚く

中級編

① 指をさし、周りの子に目配せして一緒に眺める

② 抜き足差し足でやんちゃ君に近づき、デジカメで撮る

素敵な場面でも「表情」は使えます。例えば、クラスの子どもたちが話し合いをしているときに、ある子の発言がとてもよかったとき、目を丸くして、その子の方を見つめることでも先生の気持ちを伝えることができます。

上級編「合わせ技」
「表情」＋「つぶやき」
合わせ技は、表情に、
「すごい意見だな。」
とか、
「やるなー。」
と、先生がプラスのつぶやきを加えます。そのことで、発表した子を褒めるということになりますし、話し合いを盛り上げ、クラスの士気や、子どもたちのやる気を高めるという効果もあるのです。
　"全身全霊"で教師をするのです。

ITEM & IDEA 80

Q 研究授業に取り組む姿勢を教えてください。

すべての研究授業に立候補する

　研究授業の捉え方は簡単です。

　研究授業は買ってでもするのです。多くの学校では低学年、中学年、高学年、専科と年間4つの研究授業をし、あとは学年内で研究授業をするという方法が採用されています。全員が参観する前者を「大授業」、学年の先生や見に行ける先生が参観する後者を「小授業」と言うこともあります。

　研究授業は、自分の授業を多くの先生方の目にさらさなければならないのでそれなりに"構え"てしまいます。準備もいつも以上にしなければ人様にお見せできない、と捉えがちです。これを否定はしません。確かにその通りです。

　しかし、発想を変えてみると、研究授業ができるチャンスは驚くほど少ないことに気づかされます。全員授業として一年で一人一回は授業を公開している学校も多いですが、全員が参加しての大きな授業をさせてもらえる機会は少ないと思います。

　間違いなく研究授業は授業の腕を向上させる"きっかけ"になってくれます。

　教材を何度も読み込み、先行実践にあたり、仲間の先生や勉強会などで意見を求める。作り、修正し……が繰り返されます。こうすることが、あなたの授業力を向上させないはずはありません。

　そこで、研究授業の授業者を誰にするかの話になったら「来た！」とばかりに立候補します。

すべての研究授業に立候補するのです。少なくとも1校目までは。
　駆け出しの頃、授業者を決める段になってなかなか決まらずたくさんの時間が流れたり、輪番制で決めたりすることに疑問を持っていました。
　もちろん立候補するもしないも、あなたが決めてよいのです。どちらが良いか、悪いかの話でもありません。どちらの未来を選択するかの話です。

Q いつも眉間にしわがよってしまう自分をなおしたいのですが。

物事を大げさにしない

▷ **何とかなる**

　私はカラダの中に"平気の平左(へいざ)"を住まわせています（笑）。だから何か起こっても"何とかなる"と思っています。
　子どもが私に心配事を投げかけてきます。そういう時は教師がうろたえてはいけません。
　私は、そのときにまず「大丈夫」「平気」と言います。心の中ではそうは思っていなくても言います（笑）。

「大丈夫大丈夫、平気平気。」
「平気やん。」
「平気だって。」
「顔に平気って書いてある。」
「大丈夫。必ず何とかする。」

　これは冗談ではなく、まずは脳に暗示をかけているのです。「これは平気なことなのだ」と。まずカラダを「解決モード」に切り替えておく必要があるのです。
　その次に、「必ず先生が何とかするから安心しなさい。」と力強く伝えましょう。子どもの不安を取り除いてあげるのです。
　そして、その後しっかりと話を聞きます。

▷深刻にならず次を見据える

　物事をやたらと大げさにしてしまう人がいます。この相談の先生はまだ自覚しているからよい方です。
　残念なのは、眉間にしわがよるのが日常化している人です。
　子どものトラブル、子どものルール違反。これらのことで事を大きくしてよいことはほとんどありません。もちろんきちんと押さえることはします。しかし、"次を見据えている"ことが大事です。
　いつもいつも事を深刻にしてはいけないのです。大抵のことは「平気」と言って乗り越えられるものです。

Q どうしたらメンタルが強くなりますか？

圧倒的な「自分だけの世界」を身につける

▶ **自分の中の「柱」を決める**

　教師という仕事は「メンタル」が強くなくてはやっていけません（ふてぶてしいのとは別です）。

　メンタルが強い人は自分の中に軸がある人です。柱の立っている人です。

　では、その柱はどう作るのか。

　それは、「自分だけの世界」を持つことです。簡単に言えば「得意分野」です。

　これだけは譲れない、という分野です。

　それは自分の中に「とんがった部分」を持つことです。

　水泳指導にとんがっている。

　話し合い指導にとんがっている。

　生き物の知識にとんがっている。

　書くことの指導にとんがっている。

　どんなに"ニッチ"な分野でも構いません。

　これだけは譲れないぞ、というものがあれば、そこで自分を通していける。大きな武器になります。

▷ **"とんがり部分"の探し方**

では"とんがり部分"をどうやって探すのか。
それは自分の好きなこと、の近くにあります。
「泳ぐのが好き」「話すのが好き」「生き物が好き」「書くことが好き」……。
自分が好きでやってきたこと、は必ず教育の場で生かすことができます。要はそこへの"寄せ方"なのです。
教科にそのまま取り入れることができる場合はそこに少し余分に力を入れて指導する。「水泳」指導などはその典型です。自分だけが知っている「秘密のコツ」として子どもたちに伝授します。「平泳ぎの足の秘伝を今から教えます……」とやるのです。
直接教科に使えないと思うような「好きなこと」でも大概のことは子どもたちに返せます。
旅行が好きな人は、地域の学習や、歴史の学習で自分で撮った写真を子どもたちに提示したり、旅行先で使えそうな資料をもらってきたり、エピソードを子どもたちに話したり……。
マンホールの蓋の撮影が趣味の人は、そこから特色ある地域や文化の話につなげられます（笑）。

▷ **貴重な教師人生を無駄にしない**

話を戻します。
教育の現場では子どもの指導に関する悩みがまず第一です。そこに関しては、ただただ毎日の修行あるのみというか、真摯に勉強していくしかありません。
問題なのは保護者との人間関係、職場の人間関係などの場合です。

理不尽なクレームもあります。

　理不尽な叱責もあります。

　そのようなときにいちいちクヨクヨしたり、落ち込んでいたら貴重な人生の時間を無駄にします。

　教師人生充実させて楽しもうと思ったら、そのような「理不尽さ」に立ち止まっている暇はないのです。

　ここで「自分だけの世界」を持っていたらどうなるのか。

　そこをどっしりと体の中心に柱として据えて、没頭できます。没頭しているとその分野で突き抜けてきます。そうしてその部分の仕事をさせてもらえるようになります。

　「～といえば、〇〇先生」のような具合です。あるいはそうではなくとも、「自分だけの世界」は自負できる材料となります。

　それが強いメンタルを生むのです。

　理不尽なことに気を取られない「タフさ」を身につけたいものですね。

Q 教育書何から読んだらいいでしょうか？

まず「奥付」を見る

「たくさんある教育書、どれから読んだらいいかわかりません。」と言われました。答えは簡単です。私の本から読んでください（笑）。

冗談はさておき、本を選ぶときの1つの大きな判断材料があります。それは、**あなたが小中学校の先生なら小中学校の先生が書いた本を読むのがよいでしょう。**

やはり「現場での経験を元にした実感を伴ったもの」が「本当に頼りになる本」なのです。

それは奥付を見ればすぐわかります。私は本を買う時はまず奥付を見ます。

そして「教科指導」や「学級指導」に関しての本では、小学校か中学校の先生が書いた本を選んできました。

理論を学ぶときや自分の実践と理論をつなげたいときは、その分野を研究している大学の先生や研究者の方が書かれた本を選んでいました。

自分が小学校の教師をしている以上、あの現場での大変さ、難しさ、面白さ、やりがいはやはり実際に現場を踏んだ人にしかわからないと思っています。

まずは明確なこの基準を経て、次に自分が切実感を抱いている分野、興味のある分野の本を片っ端から読んでいく、いや"飲み干していく"感覚ですね。

そもそも迷っている間に1冊読んでしまうといいですね。「量」をこなすことが、「質」を見抜く目を育てます。まずはどんどん読んでいきましょう。

Q 教師の服装で気をつけることを教えてください。

ユニフォームと考えよう

▷ **見られている意識を持つ**

　特に高学年の女子は、先生の服装を毎日チェックしています。ネクタイ1つ変わっただけでも、子どもたちは話しかけてきます。眼鏡が変わった日なども変化に気づいて指摘をしてくれます（笑）。
　このように先生の服装というのは、常に子どもに見られているのです。

▷ **ユニフォームと考える**

　まず大切なことは清潔であるということです。
　次に教師の服装というのは、決まった物があるわけではありません。しかし、教師の着ている服は教師のユニフォームです。今自分の着ている服はユニフォームか、という視点で考えてください。そうすれば、ヨレヨレのジャージを着て毎日子どもたちの前に立っていることができるでしょうか。このヨレヨレのジャージはユニフォームなのか、いやそうではないはずです。
　やはり、清潔で子どもたちの前に立って恥ずかしくない、教師のユニフォームたる姿でいたいものです。

▷ **子どもは見ているこんなところ**

　意外に気づいていないのが「靴」です。

ボロボロの靴でいるのは、見た目もよくありません。音を立てないようにスニーカーを履くのか、キチッとした場面だから革靴を履くのかなど、自分の服装や場所にふさわしいか意識を持っているかが大事です。
　ただなんとなく子どもの前に立つのはよくありません。
　教師生活のメリハリをつける意味でもよくありません。

▷ **ちょっとした小物でリフレッシュ**

　教師の気分を変えるときに、気に入ったネクタイをするなど、ちょっとした小物を変えることで気持ちがリフレッシュすることもあります。"ワンポイントチェンジ"行ってみて下さい。

ITEM&IDEA 85

Q 困り感がありません。

具体的に悩めるようになろう

　困り感がないという先生が、この本を手にとっているとは考えにくいのですが…。

　実際、困っていることがないと言われる（そのように見える）先生を見かけます。

　悩みや困り感は、教師を成長させます。悩みがないと言う人は、悩みがないのではなく悩みが"見えない"のです。勉強や研究など教師修行を少し進めると悩みや困りが"具体的"になってきます。

　教育の世界にもう一歩踏み込んでみましょう。

　例えば、国語の作文指導なら、書き出しの指導が終わった次は
「長い文を書かせるには、どうしたらいいか。」
また逆に、
「短く文をまとめさせるには、どうしたらいいか。」
と悩みが具体的に見えてきます。

　悩みや困りが具体的に出てくることで不安になる必要はありません。**「自分も具体的に悩めるようになった。これは教師として一歩前進だ。」**と喜ばしいことだと受け止めましょう。

　仕事というのは、具体的な悩みが１つ１つ増えてくるのに比例して成長もしていくものです。悩みがあるのは成長の証なのです。

　悩みや困りがあったら、仲間と語り合ったり、先輩に相談するなどして一つずつ解決していってください。そして、成長してまた新しい悩みに出会っていけばいいのです。

困り感は持ってよいのです。それは、あなたの歩いている教師の道が間違っていないということです。教育の世界に、よりアプローチしている、という結果です。悩んでいる、困り感がある人は、仕事に対して真摯に取り組んでいるということなのです。

　ここで悩みが晴れて心がパッと明るくなる"場所"をお知らせします。

▷教師塾「あまから」

　子どもにとって価値のある教師になるために学ぶ場所です。
　毎月、主に最終週の金曜日に例会を開催しています。
　場所は、兵庫県宝塚市阪急「宝塚駅」周辺です。

　共に学びませんか…。毎月熱心な先生方が来られています。
　センセイが笑顔になれる場所です。
　詳しくは『森川正樹の"教師の笑顔向上"ブログ』を参照してください。ほかの講座の情報もお知らせしています。

Q 充実した"教師ライフ"を送りたいです。

寿司屋のカウンターの話をしましょう

　熊本県に行ったときのことです。
　ホテルで「おいしい馬刺しのお店ありませんか？」と聞くと「おいしいお寿司屋さんを紹介します。」と教えてもらいました。
　そのお店は、大将が１人でやっている、地元の人が行くようなお寿司屋さんでした。カウンターに座り注文すると、馬刺しと一緒に馬握りも出していただきました。それは、とてもおいしく、旅の良い思い出になりました。
　おいしい馬刺しと馬握りをいただいた後、大将に、
「私、教師やっています（でました！"伝家の宝刀"！（笑））。今日の事を学校で子どもたちに話してやりたいと思います。熊本といえば"馬肉"が有名で、お寿司屋さんのカウンターに座って"馬刺し"と"馬握り"を食べたことは良いエピソードになります。私、旅先であったことを話すことが大好きなんです！」
と伝えると大将が、
「先生、そういうことならちょっと待っててよ。」
と言ってお店の大きな冷蔵庫から、馬肉の大きな塊を出してくれました。
「これが馬肉だ！写真撮っていきなよ！」
と言っていただき、私は大将と馬肉と一緒に写真を撮りました（笑）。

　つまり、**教師は教材を足で稼ぐ、元をとる**ということです。

旅に行ったら、そこで元をとる、教師とはそういった仕事だと思います。いろんな所へ出掛けた際は、
「何か１つ子どもたちに話せるネタを持って帰るぞ！」
とか、
「ちょっとインタビューしてきてやるぞ！」
という、**教師としての元をとる生き方**をしてはいかがでしょうか。

あとがき

ご来店ありがとうございました。
少しは「気持ちの棚卸し」ができましたでしょうか。

教育現場では実に様々な事が起こります。
私も様々に経験してきました。

しかし深刻に捉えて良いことは一つもありません。
「真剣」と「深刻」は違うのです。

真剣に挑むが、深刻にはならない。

そのようなスタンスで私たちは教師という素敵な仕事とつき合っていきましょう。

また、私たちの仕事を支えてくれる様々なアイテムたち。アイテムを上手く活用することで仕事は楽しくなったり、効率がよくなったりします。

せっかくなりたくてなった仕事なのですから、楽しまなきゃ。

さあ、明日も笑顔で教室に通ってくる子どもたちがいます。
あなたも、笑顔で。
いつも、笑顔で。

最後になりましたが、フォーラム・Ａ 藤原幸祐氏には企画から執筆、脱稿まで大変お世話になりました。感謝いたします。

さあ、この後今日の授業記録でも書こうかな。

森川正樹

【著者紹介】

森川　正樹（もりかわ　まさき）

　兵庫県生まれ。兵庫教育大学大学院言語系教育分野（国語）修了、学校教育学修士、関西学院初等部教諭。授業のユニバーサルデザイン研究会関西支部会員、全国大学国語教育学会会員、日本国語教育学会会員、国語教育探究の会会員、教師塾「あまから」代表、読書会「月の道」主宰、「教師の笑顔向上委員会」代表。

　国語科の「書くことの指導」「言葉の指導」に力を注ぎ、「書きたくてたまらない子」を育てる実践が、朝日新聞「花まる先生」ほか、読売新聞、日本経済新聞、日本教育新聞などで取り上げられる。県内外で「国語科」「学級経営」などの教員研修、校内研修の講師をつとめる。社会教育活動では、「ネイチャーゲーム講座」「昆虫採集講座」などの講師もつとめる。

　著書に、『できる先生が実はやっている授業づくり77の習慣』『できる先生が実はやっている 学級づくり77の習慣』『先生ほど素敵な仕事はない？！―森川の教師ライフ＝ウラ・オモテ大公開―』『クラス全員が喜んで書く日記指導―言語力が驚くほど伸びる魔法の仕掛け』『小1～小6年"書く活動"が10倍になる楽しい作文レシピ100例　驚異の結果を招くヒント集』『学習密度が濃くなる"スキマ時間"活用レシピ50例―教室が活気づく、目からウロコ効果のヒント教材集―』『どの子も必ず書けるようにする国語授業の勘所―「つまずき」と「ジャンル」に合わせた指導―』（以上、明治図書）、『このユーモアでクラスが変わる教師のすごい！指導術』『言い方ひとつでここまで変わる教師のすごい！会話術』『あたりまえだけどなかなかできない教師のすごい！仕事術』（以上、東洋館出版社）、『どの子も必ず身につく書く力』（学陽書房）他、教育雑誌連載、掲載多数。

　教師のためのスケジュールブック『TEACHER'S LOG NOTE（ティーチャーズ ログ・ノート）』（フォーラム・A）のプロデュースもつとめる。

【社会教育活動】
「日本シェアリングネイチャー協会」ネイチャーゲームリーダー
「日本キャンプ協会」キャンプディレクター
「日本自然保護協会」自然観察指導員
「CEE」プロジェクトワイルドエデュケーター

【ブログ】
森川正樹の"教師の笑顔向上"ブログ
http://ameblo.jp/kyousiegao/

先生のための！こんなときどうする!? 辞典
アイテム・アイデア86

2016年6月10日　第1刷発行

著　　者　　森川正樹
発 行 者　　面屋龍延
発 行 所　　フォーラム・A
　　　　　　〒530-0056　大阪市北区兎我野町15-13
　　　　　　TEL　06(6365)5606
　　　　　　FAX　06(6365)5607
　　　　　　振替　00970-3-127184

表紙デザイン　　ウエナカデザイン事務所
イラスト　　　　斉木のりこ
印　　刷　　　　尼崎印刷株式会社
制作編集担当　　藤原幸祐

ISBN978-4-89428-906-2 C0037
乱丁・落丁本は、送料小社負担にてお取り替え致します。